눈치코칭

코치들의 심리학 수다

눈치코칭
코치들의 심리학 수다

초판 1쇄 발행 2020년 12월 11일

지은이 진원화, 유서진, 이재원, 이경숙, 최현숙, 성기영, 김영란, 국형지, 김덕아, 박경희, 안미순, 유지현
일러스트 단울(Danwool)
펴낸이 장길수
펴낸곳 지식과감성#
출판등록 제2012-000081호

디자인 박예은
편집 박예은
교정 김혜련, 양수진
마케팅 고은빛, 정연우

주소 서울시 금천구 벚꽃로298 대륭포스트타워6차 1212호
전화 070-4651-3730~4
팩스 070-4325-7006
이메일 ksbookup@naver.com
홈페이지 www.knsbookup.com

ISBN 979-11-6552-577-4(03810)
값 14,000원

ⓒ 유지현 외 2020 Printed in Korea

잘못된 책은 구입하신 곳에서 바꾸어 드립니다.
이 책의 전부 또는 일부 내용을 재사용하려면 사전에 저작권자와 펴낸곳의 동의를 받아야 합니다.

이 도서의 국립중앙도서관 출판예정도서목록(CIP)은 서지정보유통지원시스템
홈페이지(http://seoji.nl.go.kr)와 국가자료공동목록시스템(http://www.nl.go.kr/kolisnet)에서
이용하실 수 있습니다. (CIP제어번호 : CIP2020050928)

홈페이지 바로가기

C·O·N·T·E·N·T·S

PROLOGUE • 6

나는 나에게 매일 감격한다 • 9
또 다른 나 • 41
낙담한 우월주의자 • 55
나는 나로 살기로 했다 • 75
오! 나의 공주님 • 87
엄마, 나 똥 눠도 돼? • 111
내일의 너에게 • 133
그럼에도 불구하고 • 163
살아가는 것이 아니라 살아내는 겁니다 • 181
엄마, 저 경희예요 • 207
흑백사진관 • 221
생각이 나서 • 239

작가 한숨 • 260

REFERENCE • 261

P·R·O·L·O·G·U·E

그냥 살아도 아무 문제없는 거 같은데
뭔가 개운하지 않을 때,
최선을 다해 열심히 살아왔다고 생각했는데
어떻게 살아야 할지 막막할 때,
뭔가 변화가 필요한 거 같은데
뭘 해야 할지 모를 때,
늦었다는 생각이 들지만
뭔가 가슴은 콩닥거릴 때,
어느 날 문득
혼자라고 느껴지는 게 싫지만은 않을 때,

드디어 나와 수다를 떨 시간이다.

눈을 감자.
저 내 마음 깊은 곳에 있는 나를 불러보자.
나의 수다가 들리는가?
안 들린다면 조금 더 내려가 나를 마중하자.
소중한 내담자 '나'를 온 마음과 몸을 다해 반갑게 맞이하자.
마음으로 배려하고 경청하자.
연민이나 동정이 아닌 나의 이야기를 정서적 감정적으로 오롯이
함께 나누자.

여기 나와 마주할 용기를 낸
코치들 저마다의 심리학 수다를 엮었다.
어려운 심리학 이론도 글력으로 일부러 멋을 내지도 않은,
내 목소리에 귀를 기울여
나지막이 써 내려간 코치들의 심리학 수다.

낙담한 우월주의자로 살아온 내가
또 다른 나를 만나기도 하지만,
그럼에도 불구하고 나는 나로 살아가며
나에게 매일 감격하는 삶을 살아가기를 소망하는
코치들의 수다와 함께

나를 만나러 갑니다.

모든 사람은 온전하고 유능하고 창의적이다.
나도 그렇다.

2020년 COVID 시대를 살아가는 세상 모두에게
용기와 희망을 담아.

진원화

나는 나에게
매일
감격한다

2018년 4월은 봄을 재촉하는 비가 아침부터 추적추적 내리고 있었고 저는 평소와 같이 집단 상담 수업을 참여하기 위해 교수님을 기다리고 있습니다. 한 그룹은 즐거운 대화를 하고, 또 한 그룹은 김밥으로 점심을 대신하며 이야기꽃을 피우고 있습니다. 저는 여느 때처럼 어느 그룹에도 속하지 못한 채 멍하니 창문 너머의 산등성을 감싸고 있는 물안개를 멍하니 바라보고 있었습니다.

수업 시간이 되어 교수님이 교실 안으로 들어오셨고, 평소와는 다르게 출석을 부르지 않고 저에게 무엇을 보고 생각하고 있었는지 질문을 하셨습니다. 갑작스러운 질문에 처음에는 무엇을 말해야 할지 당황하였지만, 무엇 때문인지 용기를 내어 제 마음을 표현하였습니다. 저도 그룹에 끼어 재잘거리고, 먼저 다가가 음식을 먹을 수 있었으면 하는데 그러지 못해 이방인 같은 어색함을 느끼고 있다고…. 그렇지만 경치가 아름다워 좋았다는 말로 퇴로를 만들어놓았습니다.

교수님은 저에게 동기들 가운데 쉽게 다가가기 어려운 사람이 누구인지 물었고 저는 작은누나 느낌의 미영님, 코치 선배 순주님, 돌아가신 어머니와 비슷한 느낌의 순영님을 지목하였습니다.

교수님께서는 이유를 물으셨습니다. 이유라… 생각지도 못한 질문에 왜 그런지 생각해보니, 작은누나는 언제나 우리 가족의 바른말 하는 존재로 제가 해야 할 일을 대신해 왔기에 미안하면서 어려운 마음이 남아 있었던 것 같습니다. 그래서 작은누나를 닮은 미영 코치님에게 쉽게 다가서지 못했다는 생각이 들었습니다. 코치 선배인 순주님은 코치로 입문한 초기부터 저를 잘 알고 있어, 실수하지 말아야지 하는 마음과 함께 왠지 코치님 앞에선 작아지는 느낌을 받고 있어 다가가기가 어려웠습니다.

"마지막으로 순영님은 어머니를 닮은…."

어머니란 단어를 말할 때 눈물이 핑 돌았고, 그 울컥함으로 더 말을 잇지 못하고 있었습니다. 마음에서는 무엇을 말하고 싶었지만, 입술을 열어 언어로 표현하지 못했습니다. 교수님은 이런 저를 동기들 가운데 서게 한 후 동기들에게 사랑의 표현과 응원을 받게 하셨습니다.

저는 어머니에게 무슨 말을 하고 싶었으나, 입으로 적절하게 표현하지 못했습니다. 하지만 몇 가지 질문이 진행되면서 뇌경색으로 정상적인 지능을 회복할 수 없었고, 서서히 혼수상태로 고생하시다가 떠난 어머니에 대한 미안함과 죄의식이 있음을 이야기할 수 있었습니다. 그리고 용기를 내어 입 밖으로 꺼내지 못했던 마음을….

"어머니 사랑합니다"란 말과 함께 눈물로 고백할 수 있었습니다. 동기들은 이런 저를 격려하고, 따듯이 안아주었습니다. 지금까지 경험해보지 못한 미안함, 부끄러움, 떨림, 환희… 말로 표현할 수 없는 복합적인 감정이 올라와 한동안 아무것도 할 수 없었지만 지금도 그 떨림이 느껴지는 듯합니다.

이 일을 계기로 저는 동기들 앞에서 제 모습을 좀 더 투명하게 개방할 수 있게 되었고 어디에서든 좀 더 적극적으로 의사를 표현하고 행동할 수 있는 출발점이 되는 날이었습니다.

다음 날 어머니 산소를 홀로 찾아갔고, 그곳에서 저는 어머니와 못다 한 애도의 시간을 가질 수 있었습니다. 뇌사 상태에서 서서히 삶을 마감하시는 어머니와 그런 어머니를 바라보는 무기력한 내가 느꼈던 감정과 생각들, 어머니의 희생적 사랑에 빚진 마음들…

나의 엄마, 엄마, 엄마. 그동안 입 밖으로 내지 못한 '엄마'를 맘껏 부르며, 한참의 시간이 흐른 후 내가 얼마나 감정을 표현하지 못하고 살고 있는지, 그리고 해야 할 애도가 얼마나 많이 남아 있는지를 알 수 있었습니다.

그 이후 올해 2월 집단 상담에서 어머니에 대한 애도의 문제는 한 걸음 더 앞으로 나아갈 수 있었습니다. 죄책감의 깊은 수렁에서 조금은 용기를 내어 걸어 나올 수 있었습니다. 자녀를 위한 삶도 나를 위한 삶의 일부분임을, 자녀를 위한 삶을 사는 저를 보며 깨닫게 됩니다. 그것은 의무가 아닌 사랑이기에 나의 삶이고 어머니의 삶이셨음을…

하나. 코칭과의 첫 만남 그리고 실망

코칭과의 첫 만남은 2015년 서울디지털대학교의 학습코칭 과목이었습니다. 코칭이 사람 안의 가능성에 주목한 점과 어린 세 자녀의 학습에 도움이 될 수 있다는 생각에 학습코칭이 단순한 한 과목 이수 이상의 의미로 다가왔습니다. 무엇보다 인생의 두 번째 직업을 준비하기 위해 고민하던 저에게는 비록 코치란 직업이 경제적 자립을 하기에는 어려운 현실을 알았지만, 사람을 세우는 것이 제 삶의 목적과 일치한다는 면에서 더 깊은 학습을 진행하기로 하였습니다.

학습과정 중 코칭을 기술이 아닌 사명으로, 절실한 구도자의 모습으로 대하시는 코치님을 만날 수 있었습니다. 그 코치님께서는 어떤 매력이 있어 매일 '코치로 존재'하는 묵상을 하고 묵상한 것을 삶으로 살아갈 수 있단 말인가? 다 이해하고 공감할 수 없었지만, 사람의 마음을 대하는 것을, 직업을 넘어 사명으로 하는 사람의 자세를 배울 수 있었고 코칭에 대한 제 마음을 더 진지한 태도로 변화시키는 계기가 되었습니다.

학습 코치로서 걸음마를 막 시작한 저는 기본적인 코치 자격을 겨우 갖추고 용기를 내어 피코치 학생과의 첫 만남을 가질 수 있었습니다. 만나는 학생 한 명 한 명은 공부를 잘하고 싶은 공통의 목적은 있었지만 모두 다른 삶을 살아왔고 그래서 서로 다른 존재로 만나게 됩니다. 처음에는 부모님의 권유로 시작하였지만 5회 이상부터는 본인의 선택으로 지속 여부를 결정하게 하였습니다. 마음으로는 스스로 목표를 세우고, 계획을 세우고, 실행하길 원하지만, 실제 행동하는 수준은 많은 차이가 나게 됩니다. 그것은 실제 행동으로 옮기는 행동 근육의 발달 차이에 기인하므로 행동 근육을 강화하는 것이 학습코칭 성공의 열쇠가 됩니다.

하영이는 어머니의 권유로 시작한 고등학교 1학년 여학생이었습니다. 나이 많고 내성적 성격의 코치와 아직 사춘기인 하영이는 서로에 대한 라포(신뢰감 있는 친근한 관계) 형성이 어려웠습니다. 그 상태에서 저는 어떻게 하면 관계의 벽을 허물까 고민하였고, 하영이도 저와의 눈맞춤의 어려움을 견디는 노력을 해야 했습니다. 하영에게는 매번 저를 만나는 것이 부담되었던 것 같습니다. 초기에 꾸준히 참여하였지만 겉도는 회기가 진행될수록 약속 시각을 미루게 되었고, 결국에는 코칭 시간에 나타나지 않게 되었습니다. 이렇게 공연 기획가가 꿈인 하영이와의 회기는 라포 형성의 첫 단계를 넘지 못하고 종료되었습니다. 하영이뿐만 아니라 초기의 학습코칭 고객과의 관계는 애매하게 종료되었고, 코치로서 나는 고객에 대한 미안함과 역량의 한계를 경험하면서 이 길이 내 길인가에 깊은 회의감을 경험하게 되었습니다. 회의감은 점점 자신감을 상실하게 만들었고, 그 결과 실패의 경험이 더해질수록 초기의 열정적인 시도도 점점 사라졌습니다. 사라지는 듯 했습니다.

둘. 영재 이야기, 코치이(Coachee)로부터 받은 응원

영재는 이란 기업가(선교사란 이름이 불가능한 지역이라 기업가로 활동) 자녀이고, 2017년 16세의 나이로 현지인 학교에 다니고 있습니다. 아랍권 이외에 다양한 문화권에서 생활한 덕분에 수준급 영어, 독일어, 아랍어를 합니다. 이런 영재에게도 꿈에 대한 고민이 있습니다. 통역사로 성장해주길 원하는 부모님의 뜻을 잘 아는 영재는 본인의 장점과 재능이 언어라는 것을 누구보다도 잘 알고 있습니다. 그렇지만 영재는 통역사라는 직업의 가능성을 유지하면서 본인이 하고 싶은 노래라는 것에 도전하고 싶어 합니다. 유튜브를 통해 기타를 배우고, 작곡과 편곡을 연습합니다. 음악에 대해 잘 모르지만 저는 도전하는 영재가 너무 좋고, 정말 원하는 것을 향해 나아가는 영재를 응원합니다.

자기주도 학습코칭이란 학생 스스로가 원하는 별(꿈)을 찾고, 3개월 단위의 목표를 세워 실천하고, 그것을 점검하여 다시금 행동하도록 돕는 것이 핵심입니다. 영재는 학습과정에서 어머님의 도움을 받지만, 기본적으로 스스로 학습을 합니다. 저는 코치가 스스로 학습목표를 세워 국어, 수학, 과학 등을 자기주도적 방식에 의해 학습하도록 돕고, 그 이외의 삶의 영역에서 균형을 이루기 위한 시도를 격려합니다. 제 꿈과 5년의 장기 계획 그리고 일 년의 계획을 기반으로 한 분기 계획서를 공유하기도 하였습니다. 그것을 보면서 영재는 배웁니다.

영재는 그 또래의 어느 누구보다도 어른스러운 학생이고 아직은 어른이 되지 않아도 될 나이에 이슬람권에서 평신도 선교사 자녀의 삶을 사는 환경이 일찍 어른이 되게 한 것 같습니다. 그래서 가수에 대한 영재의 꿈에 더 응원을 보내게 된 것 같습니다.

영재는 가수가 되기 위한 도전을 위해 부모님을 설득하기로 하였습니다. 부모님 설득에 앞서 비슷한 처지에서 생활하였던 악동뮤지션을 만나볼 것을 추천하였습니다. 악동뮤지션은 몽골 선교사 자녀이면서 홈스쿨링(Home Schooling)을 하면서 공부와 음악을 학습하여 케이팝스타(K-Pop Star)로 데뷔한 영재의 롤 모델이었습니다.

악동뮤지션 부모님은 같은 교회에서 청년 시절 함께한 저의 친구이며, 동역자였습니다. 영재는 악동뮤지션의 찬혁이와 통화하며 가수가 되고자 하는 생각과 연습 상황을 이야기하였습니다. 찬혁이를 통해 가수가 되고자 하는 영재의 꿈을 격려하고 어떻게 준비할 것인지에 대한 실제적인 도움을 받을 수 있었습니다.

영재는 찬혁이와 나눈 이야기 등의 경험을 통해 자신의 꿈에 대한 실질적인 계획을 세울 수 있었습니다. 영재는 부모님께 자기 생각을 이야기하였고, 가수와 통역사 준비를 함께 할 수 있도록 공식적으로 인정받을 수 있었습니다. 작곡하여 대회에 참석하였고, 좀 더 열정적으로 음악에 도전하고 있습니다.

영재는 어떻게 성장할까요? 저는 영재를 통해 코치로서 새로운 경험을 하였습니다. 비록 한 번도 대면 코칭을 하지 못했고, 인터넷 상태가 나빠 기본적 대화도 어려웠고 심지어 통화가 중단되기도 했지만 영재는 준비되지 못한 코치에게 격려의 선물로 허락된 그런 존재로 기억됩니다. 영재는, 코치역량에 회의에 빠져 있던 저에게 코칭의 성공이 코치의 역량, 코치의 마음과 의지 등 다양한 변수가 상호작용하는 다중 함수라는 것을 깨닫게 해주었습니다. 더 나아가 성공이란 무엇인지를 더 깊게 고민하게 한 격려였습니다.

코칭에서의 성공은 코치가 원하는 상태가 되는 것이 아니라 변화된 코치이(coachee)의 존재 그 자체가 판단의 기준이 되어야 한다는 기준으로 볼 때 저에게 지금도 멈추지 않는 응원이 되고 있습니다.

셋. 한계 앞에서 코칭에 대한 근본 질문

2015년 코칭에 입문하여 코칭에 대한 기본적인 교육, 독서, 그리고 실습에 집중하던 저는 코칭에서 '변화되지 않는 고객'이란 한계에 부딪히고 말았습니다. KAC(Korea Associate Coach)를 취득하고 전문 코치의 기본 자격증인 KPC(Korea Professional Coach)를 취득하기 위해 학습코칭과 라이프코칭(Life Coaching)에 집중하고 있었습니다.

100시간 미만의 코칭 경험을 하고 있던 나는 고객의 변화 없음과 코칭 포기의 현실 앞에서 당황스러웠고, 어떻게 해야 할지 몰랐습니다. 코칭에 대한 지식이 쌓이고, 경험이 증가하였지만 증가한 만큼 고객이 변화되지 않는 현실에서 좌절은 더 커졌습니다.

'왜 내가 코칭한 사람은 변화가 크지 않을까? 왜 나의 코칭은 사람의 변화를 크게 이끌어내지 못할까? 어떻게 하면 큰 변화를 일으킬 수 있는 것인가? 어떤 고객은 계속해서 코칭 약속 시간조차도 늦고, 심지어 어떤 고객은 사전 연락도 없이 끊어지고…'

답답하였습니다. 지금 생각해보면 아직 코칭의 GROW(Goal, Reality, Option, Will/wrap-up) 모델도 익숙하지 못했던 저에게는 너무나 앞선 고민이었지만, 그때는 코칭을 계속할 것인가를 고민할 정도의 매우 큰 고민이었습니다.

한편 고객으로서 코칭을 받고 있던 저는 이러한 고민을 이야기하였고 김OO 코치님이 이미 다니고 있던 백석대 코칭심리학과 소개를 받았습니다. 거듭된 코칭의 실패를 통해 어려움의 극복을 위해서는 결국은 인간의 이해가 중요하며, 심리학 기반의 코칭이 필요하다고 판단하게 되었습니다. 비록 공감과 경청, 상황에 따른 적절한 질문을 하는 기술, 적절한 코칭 모델에 기반한 회기 진행이 매우 중요하지만, 그것은 단순한 암기식 기술이 아닙니다.

나중에 안 사실이지만 근거 기반의 코칭에서 가장 기본이 되는 심리학 기반의 코칭은 코칭이 왜 성공했는지, 왜 실패했는지 설명할 수 있는 것이어야 합니다. 심리학 이론을 기반으로 고객을 총체적으로 이해하고, 현재의 호소 문제에 머물지 않고 진짜 문제에 접근한 진단을 내릴 수 있어야 합니다. 이를 기반으로 어떤 이론을 가지고 접근할 것인지를 구체화하는(이를 사례 개념화라 함) 것이 필요하며 현재의 모습에서 변화하지 않으면 본질적으로 성장의 한계가 명확한 아마추어 코치로 머물게 되리라 판단하게 되었습니다. 이러한 불안감은 백석대 교육대학원 코칭심리학과 선택을 재촉하고 있었고 2017년 입학하게 됩니다.

3월의 봄, 비록 캠퍼스의 낭만을 찾기는 어려웠으나 다시 학생이 되었다는 사실 하나로 나의 학습에 대한 열정은 뜨거워졌고, 수업 후 학습 모임을 형성하게 되었습니다. 용감하고도 무모한 일곱 명이 관계를 맺고, 융의 분석심리학을 함께 학습하기로 하였습니다. 첫 시간 유서현(가명) 학우의 '분석 심리학의 역사적 배경과 방법론적 전제'에 대한 발표는 매우 큰 충격을 주었습니다. 컴퓨터로 깔끔하게 정리된 것이 아닌 마인드맵을 기반으로 몇 권의 참고 도서를 학습하여 정리된 자료를 보면서 학습에 대한 나의 태도가 부끄러워 쥐구멍이라도 들어가고 싶은 심정이었습니다. 제가 융에 대한 라포를 형성할 때 서현 학우는 이미 융과 깊은 사랑에 빠졌고, 그 사랑의 힘을 통해 자신을 분석하여 삶을 바꾸어가는 모습을 우리에게 보여주고 있었습니다. 저는 더 이상 부끄럽지 않기 위해서 연상검사와 '콤플렉스'론을 준비하게 되었습니다. 지금 생각해보면 무모한 일곱 명의 스터디는 배움을 사랑했던 동기들과의 아름다운 추억이 되었고, 졸업 후 1년이 지난 지금까지도, 함께 배움의 여행을 하는 동반자로 존재하게 된 뿌리가 되었다고 생각됩니다.

넷. 샐러던트의 축복, 동기들의 생일 축하 파티

2017년 9월 2일, 그날은 나의 50번째 생일입니다. 30대에서 40대로 바뀌면서 책임감과 정체성에 대한 무게가 상당 기간 삶을 힘들게 하였고, 그 답을 찾기 위해 책을 읽고, 여러 사람을 만나고, 고민했던 것 같습니다. 비록 확실한 답을 찾지는 못했지만, 직장에서 전문성을 갖추기 위해 투자 분석가, HRD컨설턴트, 평생교육 학위 및 평생교육사 2급 자격증 취득 등 지속적인 학습을 했던 시기로 기억될 것 같습니다.

이런 40대의 10년을 정리하고 50대가 되니 중년의 중압감과 60대가 바로 문밖에 있다는 생각으로 남아 있는 삶을 계산하게 됩니다. 흔히들 건강 나이를 고려하면 약 20년, 많이 계산해도 30년 남은 인생의 길이기에 조급한 마음이 생기게 됩니다. 학습하는 자로 살아온 저는 90세에도 새로운 것을 학습하는 사람으로 살아가고 싶습니다. 다만 책 중심으로 학습하였다면 이제는 책과 관계라는 삶의 실제적인 현장에서 지식을 경험하며, 지혜를 나누고 싶은 삶을 살고 싶습니다. 오늘은 또한 대학원 2학차 개강을 하는 날이기도 합니다. 오래간만에 만난 동기들은 수업 전 두 달간의 삶 이야기를 맘껏 풀어놓는 모습이 삶의 에너지인 비타민을 먹는 모습입니다. 수업 후 못다 한 이야기를 펼쳐 보이기 위한 개강 파티를 하게 되었습니다. 그런데 무슨 일인가? 동기들이 제 생일을 축하하기 위한 케이크를 준비하였고, 저에게 고깔모자를 씌워주고 생일 축하 노래를 불러주었습니다. 가족을 제외한 공동체에서 이런 감동적인 생일 축하를 받은 기억이 없는 것 같습니다. 제 존재를 기뻐하고, 축하해주는 동기들의 축하 노래에 나도 모르게 웃고, 코끝이 찡해지는 것을 느낄 수 있었습니다. 이 공동체가 나의 삶에 존재하는 것으로 인해 감사하고 또 감사했습니다. 50살, 인생의 후반전이 시작된 날… 저는 저를 사랑해주는 대학원 동기 14명이 있음을 확인한 날로 오랫동안 아름다운 추억으로 기억될 것입니다. 그리고 이들과 함께 책을 통해 학습하는 자로 살아온 제가 삶에서 책을 통해 배운 것을 발견하고, 조화롭게 통합하여 저를 실현하는 동반자로 존재하게 될 것입니다. 또다시 맛보고 싶은 생일 축하 노래와 웃음과 사랑입니다.

다섯. 아들러 심리분석 과정 중 발견한 나

대학원 추계 학술대회에 참가 중이었지만 뭔가 허전한 느낌을 채울 수 없어 끝나기 전에 대회장을 빠져나왔습니다. 마침 1층 로비에 있던 동기인 순주님과 향후 코치로서 어떻게 성장할 것인가에 관한 이야기를 나누게 되었습니다. 이야기 중 간단한 진단에 참여하게 되었는데 진단 후 채 1분도 되지 않아서 제가 어떻게 살아왔는지를 거침없이 말하는 것이었습니다. 비밀로 지켜야 할 마음을 들킨 것만 같았습니다.

그는 저에게 '목표를 명확히 하고, 계획을 세우고, 성실히 최선을 다해 살아가면서 일정한 성과를 이루지만 관계에 있어서 어려움이 있다는 것'을 이야기한 것입니다. 이 진단은 아들러 심리학에 기반하여 인생목표(Life Goal)를 찾는 것이었습니다. 지금까지 50년을 살아온 제 모습을 간단한 진단으로 요약하며, 어떠한 해결 과제가 있는지를 말해주고 있었습니다. 제 인생목표를 주도적 목적이 통제관리이며, 보조적 목적은 우월성 추구라고 이야기한 동기는 코칭에 지금까지 배운 심리이론을 어떻게 적용할 것인가를 고민하고 있었던 저에게 아들러 심리분석가 과정을 소개해주었습니다.

어렵게 회사 일정을 조정하여 교육 과정에 참여하였습니다. 심화 학습을 통해 인생목표는 삶의 모든 영역에 영향을 주고 있으며, 삶에 어떻게 영향을 주고 있는지는 성찰 일기를 통해 확인할 수 있었습니다. 불안을 극복하기 위해 계획을 세워서 그것을 성실히 지켜가며 자신과의 약속을 철저하게 지키고, 대신 다른 사람의 통제는 불편해하는 제 삶의 전형적 특성을 확인할 수 있었습니다.

초등학교 입학 전후의 시기에 경험했던 초기 기억 분석을 기반으로 나의 정체성(나는 어떤 사람인가), 세계관(세상과 사람을 어떻게 바라보는가), 어떻게 살 것인가에 대한 사적 논리를 정리할 수 있었습니다. 그 논리에 따라 살아오면서 현재의 크고 작은 성과와 실패를 경험한 것입니다. 목표를 명확히 하고, 상세한 계획을 세워 성실하게 실천하여 이루는 것이 저의 사적 논리이며, 삶의 모습이었습니다. 그리 마음에 들지 않았습니다. 현재의 저를 만든 삶에 대한 태도였지만, 답답함을 느꼈고 계속 이렇게 살아간다면 현재 삶에서 발생하는 빈 곳을 채울 수 없다고 느꼈습니다.

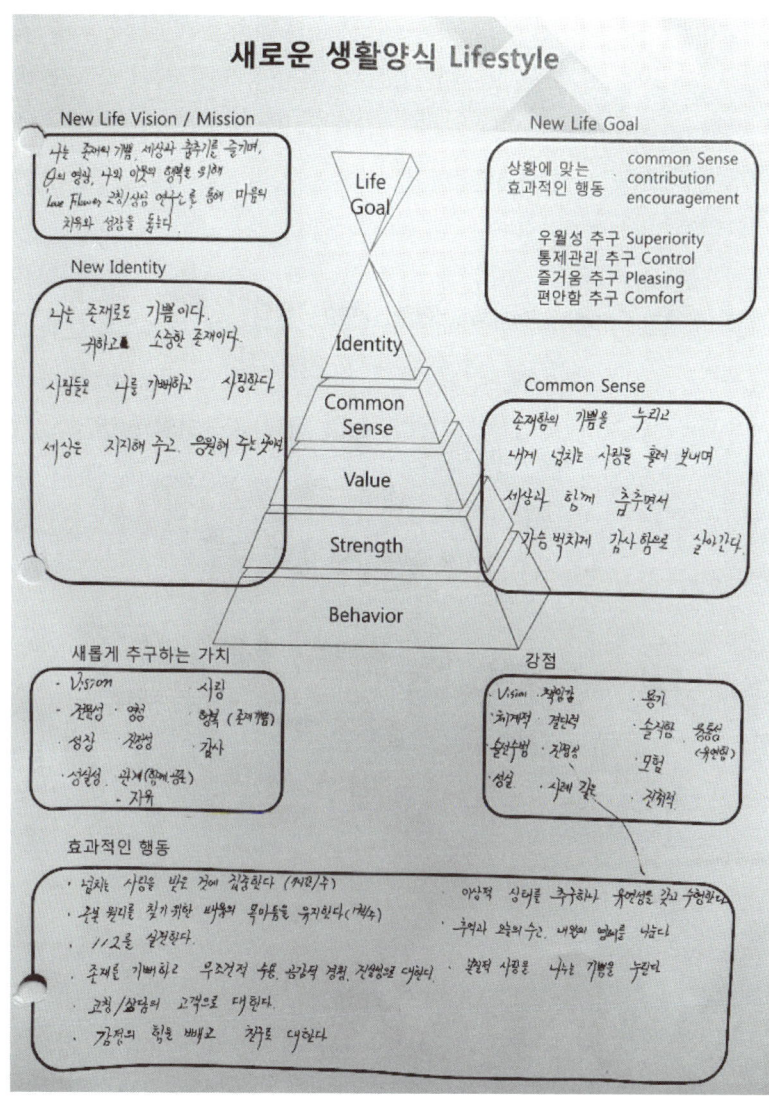

아들러 심리분석가 과정을 통해 공동체의식을 재정의하고, 이를 기반으로 새로운 삶의 비전과 사명, 세계관을 정립하였다. 또한 가치와 장점의 재발견과 효과적인 행동 규칙을 확립하게 되었다.

아들러 심리분석가 과정 학습을 통해서 공동체의식(Common Sense)의 관점에서 초기 기억을 재해석하였고, 이 과정을 통해 저의 사적 논리는 '존재함의 기쁨을 누리고, 내게 넘치는 사랑을 흘려보내며, 세상과 함께 춤추면서, 가슴 벅찬 감사함으로 살아간다'라는 새로운 삶의 패러다임을 갖게 된 것입니다. 네 개의 세상을 보는 새로운 안경은 특별히 사람을 바라보는 관점, 삶의 목적, 삶의 여정에서 만나는 수많은 사건을 대하는 자세의 변화를 선언한 것입니다. 기존의 사적 논리에 숨 쉬고, 휴식을 취할 수 있는 공간이 만들어진 것입니다. 2년의 세월이 지난 지금, 공동체의식에 기반한 삶의 자세는 초기의 설렘은 없어졌지만 삶에 지쳐 있을 때 푹 우러난 곰탕이 우리 몸에 에너지를 공급하듯이 마음을 회복하게 해주는 힘을 더해주고, 삶의 목적과 그 과정에서 모두 만족하고 기뻐할 수 있게 해주고 있습니다.

새로운 패러다임을 더 잘 기억하기 위해 전화번호부의 가족 이름을 변경하였습니다. 아들은 존재함의 기쁨, 아내는 넘치는 사랑, 둘째 딸은 세상과 함께 춤추며, 큰딸은 가슴 벅찬 감사로 변경하여 삶 속에서 더 자주 만나는 환경을 만들고, 그 관점에서 가족과 만나기를 연습하고 있습니다.

여섯. 아들러와 함께한 현준과의 만남

현준이는 대학교 입학 때부터 입대할 때까지 1년 6개월간 코칭으로 함께한 학생 고객입니다. 현준이는 사람을 대하는 것을 무척 어려워했고, 생각은 많으나 행동으로 구체화하는 것을 매우 어려워하였습니다. 가정에서는 아버지의 원칙, 통제 중심의 양육 환경에 힘들어하였고, 학교에서는 친구와 선배에게 자기 생각을 솔직하게 표현하지 못하고 마음고생을 무척 많이 했던 마음이 여린 학생이었습니다.

2년 전, 우리는 코칭 만남보다 멘토의 만남이 되고 있었지만, 현준과의 코칭은 훈련된 코치가 아니더라도 진심으로 대할 때, 즉 사람은 진실한 관계를 통해 변화할 수 있음을 알게 한 소중한 만남이었습니다.

연습한 피아노곡을 함께 듣고, 유난히 별을 좋아한 현준이의 별 찾기 여행 이야기를 듣고, 혼자만의 유럽 여행을 격려하고, 아빠와의 갈등을 위로해주고…. 이런 과정을 지나며 삶은 조금씩 활기차졌고, 성장을 위한 고민을 더 진지하게 할 수 있게 되었습니다. 그 친구는 군대 기간 동안 자신의 미래뿐 아니라 가족까지 생각하는 어엿한 청년이 되어 돌아왔습니다.

예비역 청년에게 나를 찾아가는 주제로 코칭을 진행하였습니다. 먼저 자신의 인생목표(Life Goal)가 편안함 추구와 즐거운 추구임을 진단과 성찰을 통해 명확히 하는 과정을 진행하였습니다. 이를 통해 아버지와의 갈등과 인간관계에서의 어려움이 인생목표에 기인한 것임을 체계적으로 이해할 수 있었습니다.

초등학교 시절의 초기 기억 해석을 기반으로 아버지와의 화해를 시도하였고, 아르바이트 과정 중 본인의 의사를 명확히 말하지 못하는 어려움을 극복하는 도전을 할 수 있게 되었습니다. 자신이 누구이고, 세상과 사람들을 바라보는 세계관, 자아 이상과 가치, 자신의 특성을 초기 기억의 재해석 과정을 통해 발견함으로써 그 상황에 맞설 힘이 발현된 것입니다. 이제 그는 삶을 이해하고, 자신의 삶을 더 깊게 바라볼 수 있는 청년으로 성장하고 있습니다.

이 청년 고객은 그로우 모델(GROW model)에 기반하여 어떻게 코칭을 진행할 것인가를 회기마다 고민하던 어린 코치에게 사람에게 주목하고 꾸준한 관심과 사랑으로 대할
때 고객이 성장할 수 있음을 경험하게 한 귀한 존재였습니다.
청년이 한 단계 성장하였듯이 저도 코치로서 조금은 성장하고 있음을 가슴으로 느끼게 되었습니다. 어느 날 청년의 어머니는 자신의 자녀에게 격려자가 되어주고 또 변화되는 자식을 보며 고마움을 표현해주셨습니다. 그 마음과 함께 건네주시는 아이스 아메리카노 커피와 직접 구운 과자는 코칭의 여정에 쉼을 주는 오아시스 같은 격려가 되었습니다. 현준이가 복학한 후 자주 만나지는 못하지만, 다시 만나서 마음과 마음이 이어지는 그런 이야기를 하고 싶습니다.

일곱. 넌 휴식이 필요해! 입원과 식이 요법

이틀 전부터 몸살기가 있어 사내 약국에서 약을 지어 먹었습니다. 몸은 무거웠고, 배 아래 쪽에서 가끔 통증이 있었습니다. 심하진 않았지만 조금씩 몸이 떨려왔습니다. 그날은 아침부터 몸이 더 떨려 사내 병원을 찾았고, 의사는 배를 눌러 보며 수술이 필요한 담석증 예비 판정을 내렸습니다. 그리고 사외 병원의 진료를 급히 권했습니다. 저는 급한 일을 정리하고 집으로 향하였고, 걱정하는 아내와 함께 몇 가지의 검사를 받게 되었습니다. 검사 결과 신장과 관련된 혈액 수치 이상 소견을 기준으로 상계 백병원에 입원하였습니다. 환자복으로 갈

아입고 링거 주사를 맞은 저는 회사에서 출발한 후 4시간이 채 지나지 않았지만, 환자가 되었습니다. 깊은 잠과 함께 하루가 지나고 공식적인 진단명은 담낭(쓸개)염이었습니다. CT 촬영을 통해 원인이 되는 모래 같은 담석이 담낭에 있음을 확인할 수 있었습니다. 다음 날 담당 의사는 담낭을 제거하거나, 약을 쓰고 안정된 후 퇴원했다가 문제가 생기면 그때 수술을 받는 것 중 하나를 선택할 수 있다고 하였습니다. 담낭이 부은 것이 안정되어야 수술을 할 수 있어 다음 날 수술 여부를 결정하기로 하였습니다.

처음에는 피할 수 없는 수술이라면 가능한 빠른, 지금 하는 것이 좋으리라는 생각을 했습니다. 그렇지만 수술이 정말 나를 위한 제일 나은 선택일 것이란 확신이 없었습니다. 그때 "아! 대학원 동기이며 푸드테라피(Food Therapy, 식사요법) 전문가인 서현누님이 계셨지?" 누님의 존재와 전문성을 믿었기에 주저 없이 누님과 통화하여 제 상황을 설명하게 되었습니다. 누님은 '장기를 떼어내는 일은 한순간이지만 영원히 돌릴 수 없다. 먼저 약으로 염증을 제거하고, 지속해서 약을 먹고, 수술은 나중에 결정하자'는 조언을 해주셨습니다.

저는 저보다 늘 내 건강을 걱정하시는 조언에 순종하여 급한 치료를 받고 퇴원을 하였습니다. 누님의 도움으로 퇴원 후 6개월 동안 고기와 튀긴 음식이 금지되었고, 나물과 두부, 현미밥 등 건강식과 특별히 주문한 음식과 단백질, 비타민을 먹었습니다. 담낭의 회복을 위해 병원에서 처방한 약도 꾸준하게 먹었습니다. 저의 체중은 정상이 되었고, 얼굴의 기미는 제거되고 얼굴빛이 밝아졌습니다. 만나는 많은 사람이 변한 제 모습을 인정하였고, 가족은 건강한 저로 인해 걱정을 덜 수 있었습니다. 시간이 흘러 1년 이상의 꾸준한 진료 후 담석증

완치 판단을 받게 되었습니다.

'오늘 먹은 음식이 나를 만든다'는 말이 있습니다. 이 사실은 지금도 알고 있지만, 제 식사는 이전으로 회귀하였고, 그 음식이 제 육체 나이를 50대로 만들고 있습니다. 얼굴빛이 다시 어두워졌습니다. 사람의 변화가 행동으로 이어지려면 동기의 두 가지 요소인 간절함(10점 만점 기준)과 긴급함(10점 만점 기준)을 곱한 값이 70 이상이 되어야 한다고 합니다. 항상 건강에 대한 간절함이 8~9 정도였던 나는 담낭염이 발생하자 긴급함의 점수가 3에서 9점으로 상승함으로써 두 요소의 곱이 20점대에서 80점으로 높아져 음식 조절을 할 수 있었고, 긴급함에 낮아진 지금 다시 이전의 모습으로 회귀한 것입니다.

어찌 건강뿐일까요? 감정일기를 쓰는 일, 코칭 후 일지를 쓰는 일, 주간 계획에 기반한 목표 중심의 삶, 영성을 추구하는 삶 등 나의 미성숙함은 긴급함이 스트레스가 될 때까지 행동하지 않는 어린아이인 것입니다. 나에게는 지금도 코치가 필요합니다. 누가 내 인생에서 코치가 되어줄까요? 가장 효과적인 코칭을 고객 앞에 서는 일을 중단하지 않는 것입니다. 코칭은 삶의 내면의 거울을 보는 시간입니다.

여덟. 어떤 상담자가 될 것인가? 나의 롤 모델 찾기

부산, 그곳은 해운대로 상징되는 낭만의 장소이며 꼭 방문하여 추억을 만들고 싶은 곳이지만 상갓집에 조문하기 위해 몇 시간을 머문 경우를 제외하고 미지의 장소였습니다. 금요일 휴가를 내고 대학원 동기들과 함께 KTX로 부산역에 도착하였습니다. 부산의 명물인 국제

시장에서 부산 어묵, 튀김 그리고 밀면으로 부산을 맛보면서 외국 여행에서 느낄 수 있는 설렘을 경험하였습니다.

자갈치 시장에서 먹장어 맛과 동기들과 함께한 웃음에 취하고 우리가 도착한 곳은 해운대 앞 모텔촌의 상담소였습니다. 드디어 1박 2일의 집단 상담이 시작된 것입니다. 자신의 삶을 한 컷의 그림으로 그리는 일로부터 시작하였습니다. 동기들은 그림을 기반으로 삶의 문제들을 쏟아냈고, 그것을 분석하고 상담해주는 상담자의 모습은 30년 무사고 모범 운전사요 요리의 장인이었습니다. 역동을 주고받으면서 때로는 분노의 고함과 욕설이, 한 맺힌 눈물이, 그리고 마음의 고요가 반복되었습니다. 상담자는 그때그때 상담 이론을 기반으로 사례를 개념화하셨고, 한 사람의 인생 아픔을 슬퍼하고 위로하며 용기를 갖게 하셨습니다. 참으로 놀라움과 두려움의 시간이었습니다.

끝날 시간이 되어갔지만 저는 제가 그린 그림에 대해 말하지 못하고 있었습니다. 1시간도 남지 않았을 때 비로소 제 그림을 설명하였습니다. 상담자께서는 제가 준비되지 않았음을 아셨고, 제가 설명한 그림을 간단하게 '화(분노)'로 해석해주셨습니다. '화'는 그 당시 해결해야 할 나의 핵심 문제였습니다. 대학원 입학 초기 인간관계 수업에서 선택했던 분노의 상징인 호랑이 피규어 선택 경험이 오버랩되었습니다. 상담자는 긴 말씀을 하지 않으시고 '동기들이 하라는 대로 하라'고 말씀하셨습니다. 저는 알겠다고 말했지만, 그 의미가 정해진 규칙에 충실했던 삶에서 감정을 알고, 무의식이 원하는 것에 민감하게 반응하는 삶으로의 변화임을 나중에 이해하게 되었습니다. 2년이 지난 지금도 무의식의 소망에 아직도 민감하게 반응하지 못하는 저는 무의식 발견의 첫걸음이 되는 감정을 알기 위해 성찰 일기 쓰기를 연습하고 있습니다.

집단 상담은 제가 처음 경험한 실제 상담이었습니다. 그 경험은 제가 만나는 사람이 대부분 코칭 이슈가 아닌 상담인 것을 고려하면 향후 진로에 대한 큰 질문을 하게 한 계기가 되었습니다. 어느 것도 포기할 수 없는 상태에서 사람에 대한 이해, 아니 '나'에 대한 이해가 먼저임을 깨닫게 한 너무도 중요한 경험이었습니다. 이 여행을 기점으로 우리 동기들은 중단되었던 학습 모임을 재조직하여 무의식과 감정, 자기애, 발달이론, 프로이트 학습을 이어서 할 수 있는 학습 여정을 출발하는 계기가 되었습니다.

자신의 삶을 한 컷으로 그리기. 삶의 각 단계(엔지니어를 거쳐 투자 기획자, 혁신 추진자, 코치)에서 별(사랑과 사람)을 보며 살아온 나 자신을 볼 수 있었다.

아홉. 아들과 함께한 나의 버킷리스트 1번, 올드 트래퍼드 축구 여행

아들의 마음을 조금씩 알아가면서 저의 마음에는 '아들을 위해 무엇인가를 해야겠다'라는 생각이 점점 더 간절해지고 있었습니다. 특별히 발달에 대해 수업을 하면서 제가 하지 못했던 '아버지의 역할', 아니 더 정확하게는 잘못된 행동에 대한 사과와 행동의 변화가 필요했습니다. 행동의 변화는 긴 시간이 필요한 것이지만 선언적인 행동으로 영국 축구 여행을 제안하였습니다. 아들은 마음이 아픈 상태였고, 밀폐된 공간에서 오랫동안 있을 수 없는 상태였기 때문에 10시간의 비행시간이 필요한 이 제안을 수락할지 확신하지 못했습니다. 아들은 생각할 수 있도록 하루의 시간을 달라고 요청하였습니다. 하루 뒤, 축구 여행에 대한 친구들의 부러움이 용기로 바뀌어 함께 여행을 가기로 하였습니다. 이렇게 2018년 8월, 우리는 2019년 2월 말의 10박 11일의 영국 축구 여행을, 맘이 통하는 조카를 포함하여 3명이 가는 것으로 하여 항공권과 여행권을 예약하게 되었습니다.

6개월이 흘러 축구 팬이라면 꿈에서도 가고 싶은 맨체스터 유나이티드의 올드 트래퍼드(Old Trafford) 구장, 그것도 세계 3대 더비 중 하나인 리버풀과의 레즈더비를 직관하기 위해 비행기에 올랐습니다. 과연 '안전하게 런던에 도착할 수 있을까' 하는 염려가 있었지만, 아들은 잘 견디어주었습니다.

런던에서의 꿈같은 일정이 시작되었습니다. 조카는 길을 찾고 멋진 사진을 찍었고, 아들은 매일 저녁 스테이크 등 맛있는 저녁을 준비하였습니다. 나는 아침 식사 준비 및 정리를 하고 전체적인 여행 일정을 조율하였습니다. 서로의 존재와 역할 분담으로 여행 중 넉넉한 식사와 원하는 곳을 원하는 시간에 갈 수 있었고, 여행 초기에 가졌던 두려움을 잊고 즐길 수 있는 원동력이 되었습니다. 특별히 저녁이면 서로의 삶에 대한 이야기를 늦게까지 하면서 서로가 생각하는 미래와 현재의 어려움을 이해할 수 있는 시간을 가질 수 있었습니다.

사흘째 되던 날, 런던을 출발하여 드디어 맨체스터에 도착할 수 있었습니다. 한 경기에 근로자 평균 급여에 해당하는 금액을 지불하고 입장한 경기장에서 전달되는 음악 소리, 응원 소리, 세계적 스타들의 움직임 하나하나에 우리는 전율하였고, 감격하였습니다. 꿈을 이룬 것입니다. 마음의 중요성을 경험으로 알지 못했다면 경비와 휴가 기간이란 두 가지 벽으로 인해 꿈속에서만 있었을 영국 축구 여행이 현실이 된 것입니다. 우리 세 사람이 각자의 인생 로망을 이룬 여행이었습니다. 또한, 함께하는 경험을 통해 관계를 회복하고 싶은 아빠에게는 아들을 마음에 공감할 수 있었고, 아들을 위로하고 격려할 수 있었던 또 다른 선물이었습니다.

마음 치유를 위한 여정은 지속할 것이고 장기적 관점에서 수용하고 공감하여 지지해주는, 사랑이란 이름으로 아들의 마음 그릇을 가득 채워질 수 있도록 노력할 것입니다.

10년 후에 다시 오자는 저의 제안이 실현될 수 있을지 잘 모르겠지만 1년 반이 지난 아들은 신학 대학을 준비하고 있고, 조카는 헤어 디자이너의 길을 선택하고 군 복무 중이며, 저는 퇴사를 꿈꾸며 학습에 집중하고 있습니다. 깊은 밤, 이야기했던 꿈을 위해 경주한 후, 우리는 다시 그곳의 감격 앞에 서고 싶습니다. 그 소망을 잊지 않도록 사진으로 출력하여 앨범에 보관한 우리의 추억은 디지털 시대에 귀한 아날로그의 멋진 추억으로 기억될 것입니다. 그리고 또 다른 추억을 위한 용기가 되어주고 있습니다.

열. 원우회 임원, 불평과 마지막 미안함

교육대학원은 8개의 학과로 구성되어 있지만 서로 다른 학습목표를 가지고 있어 하나로 존재하는 것이 어려우며, 그런 이유로 인하여 원우회가 중심이 되어 행사를 함에 있어 8개 학과의 참여를 끌어내기가 매우 어려운 구조로 되어 있습니다. 춘계, 추계 교육대학원 학술대회는 원우회가 진행하는 유일한 행사이며, 주체하는 임원은 원우 회원의 회비 납부와 참여를 끌어내기 위해 고민하게 되고 그 과정에서 왜 임원을 했는가에 대한 후회와 갈등 속에 준비하게 됩니다. 원우회 회장은 코칭심리학과에서 지속해서 맡아서 이끌어왔고, 저는 동기회장의 간곡한 부탁에 흑기사의 심정으로 총무로 참여하게 되었습니다. 임원으로 선임된 초기에 교육대학원의 사물함 확보, 스터디룸 확보, 대학원의 임원 선출 방식 및 원우회 회비 납부 체계 개선 등 학습 환경과 체계를 바로잡고자 노력하였지만 흐지부지되었습니다. 원생의 관심과 참여를 끌어낼 만한 실질적인 동기 요소를 만들어내지 못했기 때문입니다.

환경이 주된 원인이었지만 임원의 지도력 한계에 실망하였고 이런 상태에서 2018년 추계학술대회를 무사히 끝내고 임원의 짐을 벗어버리고 싶었습니다. 자원하는 마음이 생기질 않았고, 회장과 일하는 방식 차이로 어느덧 불평자가 되었습니다. 이런 일에 불평하는 저를 바라보는 제가 더욱더 싫었지만, 회장에 대한 의리로 참여하였습니다. 시간이 흘러 19년 춘계학술대회는 저는 임원도 아니기에 굳이 참여하고 싶지 않았으나 현 회장이 혼자 하는 것이 안타까워 어쩔 수 없이 돕는 마음으로 참여하였습니다. 학술지를 편집하고, 당일 행사 진행을 준비하고, 대표 기도를 감당하고 제가 할 분량만큼 협력하였습니다. 그렇지만 기쁨으로, 적극적으로 참여하지는 못했습니다. 그 과정 중 함께 일하면서 '우리'라는 마음이 없이 진행한 것이 마음에 부담으로 남게 되었습니다.

그렇게 유쾌하지 않은 원우회 총무로서 역할은 끝나가는 듯 보였으나, 예정에 없었던 졸업식 날 입금된 50만 원의 장학금과 공로상은 저를 너무 부끄럽게 만들어버렸습니다. 마음의 집을 짓는 마지막 날 그 기초가 무너지는 느낌이었습니다. 일하는 방식의 차이를 인정하고 회장의 마음을 헤아려 좀 더 배려하는 가운데 협업을 하였다면, 힘들어하는 마음을 조금만 더 공감했더라면, 웃음과 감사함으로 준비하였다면 얼마나 좋았을까 하는 후회가 밀려왔습니다. 학술제를 준비하는 그 당시에는 마음이 불편한 충분한 이유가 있었다고 생각되는데 지금은 핑계로 들립니다. 제한된 환경으로 자신의 기대를 충분히 펼치지 못한 회장님! 그래도 학술제 행사를 준비하기 위해 눈치를 살피며 부탁했을 그 마음의 상처가 느껴집니다. 나의 완고한 신념으로 마음을 힘들게 했음을… 정말 미안해요.

제 생각이나 신념이 항상 옳다고 생각하지 않지만, 비자발적 조직의 특수성을 감안하고, 개성을 존중하는 마음이 부족했음을 발견합니다. 그래도 원우회에서 받은 장학금 일부를 비용 부족을 고민할 때 자원해서 참가비를 미리 내어 예산의 고민을 덜어주고, 당일 남들보다 일찍 행사장에서 도착하여 함께 준비해주며, 텅 빈 자리를 끝까지 지켜주어 행사를 주체하는 임원을 배려한 대학원 동기생들과 나눌 수 있어 다행입니다. 그들은 정말 말보다 마음과 행동을 통해 함께함을 증명하였고, 그래서 졸업식 날 맛있는 정식을 즐길 충분한 자격이 있습니다.

열하나. 직장에서의 나. 아쉽게 너무 일찍 포기한 도전

1996년 29살의 청년은 LG반도체 공정 엔지니어로 사회에 첫발을 내딛게 됩니다. 25년 차가 되기까지 투자 기획자, 제조 혁신가, 직무

교육자 등 업무가 총 4번 변경되었습니다. 그동안 대한민국의 격변기와 함께하면서 IMF의 여파로 현대전자와의 통합, 이후 반도체 가격 폭락에 따른 생존을 위한 보릿고개 기간, 반도체 치킨 게임에서 살아남기 위한 처절한 전쟁 기간, 그 승리 후의 역사적인 호황의 시절을 경험하게 되었습니다. 회사 생존만큼 회사 내에서 생존하기 위해서 청주에서 생활한 기간을 제외한 대략 20년 동안 의정부에서 이천까지 평균 4시간의 출퇴근 시간을 견디어내야 했습니다. 이런 조건에서 만들어진, 아니 어쩌면 우선 개발된 저의 특성은 성실함과 꾸준함입니다. 새벽 5시 20분 기상으로 시작해서 대략 새벽 1시에 취침하는 삶의 패턴을 유지하는 것 자체가 대단한 일이라는 말로 저의 성실함을 인정해주고 싶습니다. 순발력이 필요로 하는 단거리보다 지구력과 꾸준함이 필요한 장거리에 적합한 특성이 있고, 일 처리에서도 동일한 특성을 보이는 것 같습니다. 이런 특성은 농부이신 부모님께 나도 모르게 배운 생존의 기술이고 지금도 저를 지탱해주는 보화 같은 특성이라 생각됩니다.

저의 직장 생활 저변에 깔린 마음의 상태는 열등감입니다. 열등감은 정글인 회사 생활에서 저를 주눅 들게 만들고, 또 극복하기 위해 움직이게 한 원동력이었습니다. 연구소의 국내외 명문대 출신으로 구성된 집단에서의 나의 스펙은 그들과 함께 건강한 경쟁보다 직무를 변경하여 새로운 일을 선택하게 한 회피 요소로 작용하였습니다. 내가 할 수 없다고 판단되는 일에 대해서 도전보다 피하는 특성은 사회생활에서 성취의 한계를 가지게 되었습니다. 그러나 열등감은 내가 선택한 전쟁터(분야)에서 현재의 나에 대해서 만족하지 않고 성장을 위한 지속적인 학습을 하게 한 원동력이었습니다. 어쩌면 제 삶은 '열등감의 기초 위에 자신을 역량을 높이고자 성실하게 노력하고, 그 과정

중에 삶의 변화를 지속해서 시도했다고 볼 수 있습니다.

경쟁 회피의 성격 특성은 아버지의 경쟁 심리에 의해 강요된 6촌과의 씨름에서 패한 것을 시작으로, 초등학교 시절 육상대회 200m에서 주눅이 들어 최선을 다해 달리는 것을 포기하였고, 과학경진대회에서는 경진대회장 밖에서 초조하게 기다리다가 결국에는 참가조차 하지 못하게 만들었습니다. 아마도 그 이전에 형성된 나의 특성에 그 뿌리를 두고 있을 것입니다. 과연 살면서 극복할 수 있을까요? 아니 극복할 필요가 있을까요? 없을까요?

직장에서 마음은 어떠했을까요? 제 삶의 우선 방어기제는 합리화와 억압입니다. 간혹 있는 상사의 비합리적 요구에 반론을 표현하지 못하고, 내 생각은 맞지만 내 것을 표현하지 못하고 상사가 옳은 점을 찾고 그의 뜻에 맞게 생활합니다. 특별히 자기애가 강한 상사와의 관계에서는 공격의 대상이 되었고, 그의 먹잇감이 되어 제 마음은 무참히 상처를 입었던 것 같습니다. 그리고 나는 이것을 초월한 듯 아무렇지 않다고 하면서 티 나지 않게 그를 비판하면서 생활한 것입니다. 마음을 알아가는 대학원 과정을 통해 나를 표현하는 방법과 상사를 대하는 방법을 알게 되었고, 그 결과 자기애가 강한 상사를 편안하게 바라보고, 나를 지킬 수 있게 되었습니다.

이제 직장 생활에서 나의 과제는 깊은 내면의 머무름과 쉼이 필요한 시기가 되었습니다. 일과 시작 전 15분의 자기 성찰의 시간을 통해 존재하는 나의 모습을 비평가적 관점에서 바라보고, 그때의 감정과 생각들을 나로서 인정하는 훈련을 하고 있습니다. 에너지를 얻는 쉼의 본질을 누리고 있는 것입니다. 그래서 저는 현재의 회사 생활에서 나에게 만족하고 행복합니다.

열둘. 분노의 탈출구, 나의 가족

저는 가장으로서 세 아이의 아빠입니다. 열심히 일하여 꽤 괜찮은 금액의 월급으로 생계를 책임지고, 아주 깨끗하게 설거지와 집 안 청소를 잘합니다. 그리고… 아빠로서 쓸 수 있는 말이 없습니다. 스스로 좋은 남편이요, 아빠라고 믿어왔던 것이 나의 착각이었음을 발견합니다. 평일에는 새벽 출근과 늦은 귀가의 근무 환경이 어느 정도 핑계가 될 수 있지만, 주말은 성장을 위해 학교에 다니고, 교회를 섬기는 것이 우선이 되어버린 모습은 '그래도 나는 좋은 아빠다'라는 제 착각을 무너지게 합니다. 회사에서 집으로 돌아온 저는 거실이 정돈되어 있지 않은 현실 앞에서 표정이 굳어지고, 말투가 거칠어집니다. 어떨 때는 거실에 널려진 물건들을 쓰레기통에 버리고, 설거지하는 동안 아무 죄 없는 식기에 화풀이하고 맙니다. 가족 분위기는 일순간 차갑게 변하고, 당황한 저의 마음도 분노와 미안함이 뒤섞인 채 TV 채널을 돌리거나, 침대로 피신해버립니다. 이것이 아이들에게 비친 저희 모습일 것입니다.

마음을 공부하면서 저라는 사람이 친근한 아버지의 배움의 경험이 없었고, 감정을 억압하고 표현하지 못하며, 스트레스는 관계에서 을의 위치에 있는 아내와 자녀에게 표출하고 있다는 것을 깊이 깨닫게 되었습니다. 기본을 지켜야 한다는 신념 앞에 제 기준을 자녀에게 강요하였고, 기준에 미치지 못할 때 그것을 강요함으로써 가정에서 소소한 행복도 마음껏 누리지 못하고 살아가고 있음을 발견합니다. 어떻게 해야 할까요?

분노를 조절할 힘을 가질 수 있도록 저는 스스로의 가장 취약한 부분이 '분노=화'임을 인정하는 것이었습니다. 저는 보조개가 뚜렷한 온화

한 미소를 가졌습니다. 그 미소 뒤에 숨겨진 분노의 감정이 어느 수준인가를 관찰하기로 하였습니다. 그래서 수준이 높다면 화가 날 수 있는 상황을 피하였습니다. 그런데 그 수준을 확인하는 절차만으로 수준이 낮아졌습니다. 집에 들어가기 전 수준을 확인하는 절차는 마음을 편안하게 하였습니다.

다음으로 한 행동은 저의 신념을 변화시키는 것이었습니다. 자기의 방과 가족이 함께 있는 거실은 정리되어야 한다는 생각을 포기하였습니다. 적절한 수준의 정리가 되면 되고, 특히 아이들은 어리기 때문에 미숙하다는 신념으로 변경하였습니다. 이 과정이 단기간에 이루어지는 것이 아니지만, 나의 마음을 보고, 신념을 변화함으로써 가정에서의 자녀를 바라보는 데 여유가 생겼고, 한 단계 높은 마음을 주고받는 관계로 성장할 수 있었습니다.

아내, 큰딸, 작은딸, 그리고 아들아. 내 미성숙함으로 인해 힘들었지? 정말 미안해~~~ 이제야 조금씩 아내와 아이들에게 인정을 받고 있습니다. 대견합니다.

열섯. 졸업식 그리고 나는 어떻게 존재할 것인가?

2년 6개월 동안 14명이 함께한 대학원 과정은 무엇을 채웠다는 느낌보다 앞으로 채워야 할 것을 안 기간으로 기억될 것 같습니다. 코칭을 잘하기 위해서 사람의 마음을 잘 알아야 한다는 목적으로 입학한 저는 고객 이전에 '나'를 아는 것이 중요하고, 실제로 스스로를 조금은 알 수 있었던 기간이었습니다. 안다는 것이 문제 해결을 의미하지는 않지만, 해결을 위한 큰 산을 넘은 것만은 분명합니다.

졸업하고 다시 1년의 세월이 흘렀습니다. 세상은 코로나바이러스로 인해 지금까지 경험하지 못한 불안 속에서 살고 있습니다. 그러나 목표를 향해서 달려만 온 나에게 휴식 가운데 한 단계 성장할 수 있는 내적인 경험을 한 기간이었습니다. 2021년이 되면 박사과정을 시작하고 싶습니다. 그 과정은 나의 무의식을 더 깊이 경험하는 과정이고, 이것을 기반으로 사람과의 깊은 만남을 기대할 기회가 되리라 생각됩니다. 나는 어떻게 존재할 것인가? 이 물음에 나는 학습을 통해 매일 성장하는 사람으로 존재하고 싶습니다. 학습은 배우고(學) 익히는(習) 과정으로 이론과 경험을 함께해야 하는 과정입니다. 나는 이렇게 살 것입니다. 배우는 자로 사는 이런 진원화가 난 좋습니다. 나는 나에게 매일 감격하고 있습니다.

유
서
진

또 다른

나

하나. 열심히

나의 가족은 다섯 사람이다.
나는 그들을 열심히 그리고 열렬히 사랑했다.
그들도 최선을 다해 가족을 사랑했음을 나는 알고 있다.
그럼에도 나는

그들의 말을 듣지 못했다.
그들을 볼 수 없었다.
언어 뒤에 담겨 있는 그들의 바람도,
몸짓으로 뿜어내던 그들의 강렬한 감정도,
그들의 그 눈빛으로 보내오는 요구들도

내게는
또 그들에게도
닿지 않았다.

서로가 서로의
문밖에 서성이듯 그 외로움을 품은 채
나의 가족은

무수히도 많았을
두려움을 슬픔을 외로움을 또 억울함과 서러움도,
용광로처럼 들끓는 분노들마저도 억눌러 삼켜버리고
표정 없는 표정으로
아무 일도 없는 것처럼
단지 사랑하고 사랑받고 싶었을 뿐인데,

그저 인정받고 싶었을 뿐인데…
따스한 위로도
그 삶에 애도도 모르는 채 가두고 또 가둬놓았다.

그러고는
그저
담담히
묵묵히
각자 주어진 역할대로, 주어진 위치에서
암묵적 각본대로
가족의 삶은 흘러갔다.

그러다
마음 깊이 눌러놓은 것들은
예기치 않은 상황에서 불편하게 불거지고는
다시 아무 일 없는 듯
가족은 각자 역할에 충실해진다.
충실해지는 것만큼 힘은 더 들고, 소진되고 고단해졌다.

바다에 파도가 늘 일듯
일상에도 일들은 늘 일어난다.

나는 요만큼 요만큼씩 진화하는데
일상의 일들은 내 성장보다 더 빨리 더 멀리 그리고
내 키보다 훨씬 커져간다.
무력감이 느껴졌다.
그리고 조급해진다.
두려워진다.

둘. 찾아낼 거야

나는 그들에게 닿고 싶었다.
나는 그들을 듣고 싶었다.
나는 그저 그들을 온몸으로 느끼길 간절히 원했다.

어릴 적 외동이로 혼자 큰 나는 심심하고 외로웠다.
어쩌다 잡은 게 책이었다.
큰 외숙의 책꽂이에서 찾은 어른들의 책 《상록수》와 《흙》은 내 정서에 지금도 흔적이 남아 있다.

어느 집엘 가든 친구 찾듯 책을 눈으로 쫓았다.
책들을 빌려 가슴에 품고 나올 때는 얼마나 뿌듯하던지, 마음의 헛헛함을 책과 함께 달랬다. 그리고 자연스럽게 습관이 되었다.

주로 그 시절엔 중국, 일본 우리의 역사물과 동서양 고전이 전집으로 있는 경우가 많았다. 다행인 건 좋은 책들이 더 많았고, 때론 뜻 모를 어른들의 책도 있었고 내 성향과 관계없는 책들도 많았다. 그렇게 나는 세상을 삶을 책에서 배워나갔다.
책 한 권 내 손으로 사본 적도, 내게 책 한 권 선물해준 이도 없었지만 어린 나의 읽을거리는 늘 풍부했다. 몸으로 읽느라 속도는 느렸지만 집집의 비교적 다양한 책들 덕분에 편독이 덜했다.

그렇게 어린 나는 책 속의 인물들과 교류하며 공상을 놀이 삼아 시간을 흘려보냈었다.

그래서 그런지
일상에 어려움이 다가오면 먼저 책을 찾는다.

답을 찾는 것이다.
운이 좋으면 답 비슷한 것들을 찾기도 했다.
주로 혼자 찾아다닌다.

그러나 나보다 너무 훌쩍 커버린 어려움은
내가 까치발을 들어 손을 뻗으면 뻗을수록 더 커져간다.

서점으로 강의실들로 헤매면서도 유독 피해 다니던 게 있었다. 정말 보기 싫었던, 알 수 없는 무거움으로 누르던 심리학 관련 책들… 피할 수만 있다면 피하고 싶었던 공부였다. 왠지도 뚜렷한 이유도 모른 채, 그때는 그저 피하고만 싶었다.

지금 생각해보면
아마도 나의 무의식에서는 알았나 보다.
내가 얼마나 깊은 내면의 나를 마주하기를 두려워했는지.
그리고 내가 나를 얼마나 피하고 또 피하고 싶었는지를.

현실에서 눈을 감고
안전한 환상 속에 머물며 피터팬처럼 자라지 않는 아이로 숨게 내버려두지 않는 심리 관련 학문들.
이러한 공부는 미처 다 못 자란 어른일수록 진화에 버금가는 혹독한 대가를 치르며 성장하기를 요구한다.
내 경우엔 그랬다.
그리고 이번에 피하지 않기로 했고, 정면으로 대면했다.

그렇게 나는 내 가족에게 닿기 위해 심리 코칭을 만났다.
현재는 심리 상담학 박사과정 수련 중이다.

셋. 그리고

세상에서 가장 먼 길이자 두려운 길
나를
내가 만나러 가는 길이다.

가족에게 가는 길목에
'나'라는 문이 기다리고 있다.

그 문을 열 때의 느낌은 지금도 생생하다.
그 문 앞에 서면
공포에 가까운 두려움이, 불편함들이 앞서 쏟아져 나온다.
그래서 보통은 문 앞에서 포기할 때가 많다. 그냥 멈추고 다시 일상으로 돌아온다.
물론 무의식 속에서 일어나는 일들이라
의식에서는 바빠서, 다음에, 지금까지 잘 살아왔는데 굳이 왜 그 고통을, 살 만해서 괜찮은데 뭐 갖가지 이유를 내세운다. 뒤로 숨기도 밀쳐놓기도 한다.

나도 예외는 아니었지만,
확대가족 안에서 격동의 삶을 살아온 터라

더 정확히는
그들에게 닿는 것에
또
혼자 답 찾는 것에 나는 실패했고, 그 실패를 인정했고,
그 실패를 받아들였기 때문에

새로운 이 길 앞에서
어쩌면 답을 찾을 수도 있을 것 같은 호기심과 절절함이
문 안으로 나를 들이밀었다.

나만 모르는 '나'들이 풀려나온다.
나조차 보기가 너무 두려워서 숨겨놓은 '나'들이 풀려나온다.
스스로 옭아맨 사슬들을 하나씩 하나씩 끊고
그렇게 몇 년 동안
해방되어 나간다.
그리고 나는
내가 두려워진다. 입이 다물어진다. 잠잠해진다.

어쩌면 이 분석 작업은 평생을…
끝나지 않을 길 위를 걷고 있는 듯하다.

넷. 그래서

어디에다든 마구 삿대질하고 싶었다.
책임추궁 격렬히 퍼대고 싶었다.
찾기만 해봐.
눈에 띄기만 해봐.

이제 그 전체적인 퍼즐 맞추기는 끝났다.
판이 그려진다.

나도 모르는 나를 보게 해주는 정신분석, 분석심리학

따뜻한 대안을 제시해주는 대상관계 학자들
이들의 세계는 심오하고 방대하다.
배우고자 찾아다니던 길 위의
기차, 고속버스, 시외버스가 오히려 더 익숙하다.
낯선 이들과의 먼 여정에는
선물처럼 스쳐가는 차창 밖의 하늘과 나무와 논밭들 건물들
그리고
아프지만 감사한 통찰들

눈만 껌뻑 껌뻑, 엉덩이 의자에 붙이고
마치 오스트리아의 공용어 독일어로 듣는 듯, 답답하고,
머리는 지끈거리고
가슴은 또 왜 이리 아파오는지
가끔은 멈추고 싶은 맘이 들기는 해도 나를 끌어당기는 힘이 강렬해
이끌리듯 이끌려간다.

그리고 마지막 퍼즐 가족관계도와 구조적 가족치유
양가 양쪽의 3대까지 거슬러 올라가며 가족관계도를 그리며 분석 작업을 했다.
이제 나는
왜. 왜?
왜냐고는 묻지 않는다.

다섯. 이제는

전체 그림을 봤다고 해서 끝난 건 아니다.
알았을 뿐이니까

대안을 갖고 살아낼 일이 남았다.
가상현실 매트리스에서 눈을 뜬 청년 레오의 심정이 와닿는다.
현실 속에서 어른으로 산다는 건
누구나 다 그렇듯이 힘들다.
어른으로 산다는 건
참 고단한 일이다.
몸만 어른으로 산다는 건 참 슬프고 아픈 일이고,
어른들 삶의 대가는 아이들이 치러내고…

그래서
그럼에도 불구하고
해야 할 걸 또 꾸역꾸역 한다.
그리고 피하지도 않는다.
코로나에 불안해도 가야 할 곳이면 가고,
해야 할 일이면 한다.
아플 일이면 아프고 슬프면 운다.
불안이 밀려들면 불안을 느낀다.
갈등할 일이면 갈등한다.
해야 할 말이면 한다.
그냥 한다.
그냥 해나간다.

고단한 나의 일상에서도 가끔은 행복하고, 짧지만 순간의 쉼에도 평안이 찾아온다.

쉴 새 없이 일하다가도
공부를 하다가도
한 곡의 음악에 몸을 흔들기도 하고
거실 바닥에 벌러덩 누워 하늘을 본다.
시시각각 그려내는 구름의 그림을 멍하니 바라본다.

인생의 스승들을 만나는 행운을 누리고 있다.
상처받은 사람은 상처를 준다고 배웠다.
나로 인해 적잖이 많은 찔림이 있으셨음을 나는 안다.
그럼에도 등을 내어주셨고 담아주셨다.
또 내게는 새로운 안전지대 동기, 동료 선생님들이 있다.

누군가의 배경으로 있어도 괜찮을 것 같고.
또 누군가 가야 할 길이 있어서
그가 가는 그 끝까지 내가 다다르지 못할지라도
기꺼이 거기까지 함께여도 괜찮을 것 같다.
그냥 미완의 나여도 괜찮을 것 같다.
내가 나인 채로 살아도 괜찮을 것 같다.

이제 나는
내 가족이 보인다.
그간 쏟아냈던 말들의 의미에 닿기도 한다.
눈빛과 표정 몸에서 나오는 가족의 마음이 가끔은 느껴지기도 한다.

그리고

이 모든 것 안에서 선을 이루시는 그분이
일하심을 본다.

여섯. 기꺼이

생의 여러 부분에서 적잖은 잘못이 있었다.
또 할 거라는 것도 안다.

우선은
이런 나를 견뎌주자.

그리고
멈춤 없는 용기로 내 속말을 들어주고, 들여다봐주자.

그렇게
맷집 있는 사람으로 나는
주어지는 날들 내내…

내게 기꺼이
그들을
내어준…
그 사랑들에 힘입어

붙잡고 못 내놓았던 나를
이제는
그들에게 다시…

먼 훗날
내 몸을 흙으로 보낼 그날이 찾아오면

그때
나는
그럼에도
내 삶은 괜찮았다고
그 삶을 살아낸 나도 괜찮은 사람이었다고

살아 있는 건 감사였다고
살아 있어서 행복했다고

나는
그리 말하리라.

이재원

낙담한
우월주의자

애도와 죄의식 – 엄마를 보내며

'애도 상담? 이건 뭐지?'

대략의 의미를 생각하며 첫 번째 드는 생각은 특별한 상황을 겪은 사람들만이 하는 것이려니 하면서 난 애도의 개념을 찾아보고 있었다.

애도(mourning)란 애착이 있던 사람의 죽음과 관련된 것으로 알려져 있지만 실은 모든 의미 있는 상실에 대한 정상적인 반응으로 의미 있는 애정대상을 상실한 후에 따라오는 마음의 평정을 회복하는 정신과정이다. 병리적 애도 반응 중에는 방어적으로 애도를 하지 않거나 애도 반응의 기간을 연장시키는 것 등이 있으며 볼칸(volkan)은 이것을 '대상과의 연결됨'을 통해 상실한 대상의 표상을 영구히 간직하려는 시도라고 말했다.[1]

순간 '방어적으로 애도를 하지 않거나'라는 글귀에서 내가 지금 하는 태도들이 병리적 애도반응 중에 하나임을 깨달았다.

나의 인생에 가장 의미 있는 대상이었던 엄마가 돌아가시고 나서 방어적으로 애도를 하지 않으려고 했었다. 그래야 엄마의 표상을 영구히 간직할 수 있다고 생각했기 때문이다. 애도하면 떠나보내는 것이라는 것을 무의식적으로 알았던 것 같다. 마치 엄마를 잃어버릴 것 같아 엄마의 치맛자락을 꼭 쥐고 있었던 어린아이 같은 심정으로 불안했던 거라는 것을 알았다. 엄마의 위급함을 알고 병원으로 달려가 나머지 가족이 오는 동안 30분째 심폐소생술이 진행되는 순간에도 나는 엄마가 돌아가실 것이라는 것을 부정했었다.

---

[1] 정신분석 용어사전

그렇게 엄마를 보내고도 겉으로는 아무렇지도 않은 듯 나이 50대에 엄마의 죽음은 스스로 감당해야 하는 수순 같은 것이라는 생각에 장례를 치르면서도 그저 담담히 일을 처리하고 손님들을 맞고 끝나고 나서도 아빠를 위로하고 걱정을 하면서도 나는 너무나 아무렇지 않아서 오히려 마음이 복잡했다. 그저 무감각했던 것 같다. 정확히는 어떤 감정인지 알 수 없었다. 아마도 절제를 잃지 않으려는 방어였던 것 같다.

그 당시는 일로 바쁜 시기여서 엄마의 입원이 나에게는 버거웠고 한없이 약한 모습과 투정하는 엄마를 이해할 수 없었고, 수치상으로는 좋아졌다는데도 나를 바라보는 표정 없는 멍한 눈빛의 엄마가 낯설었고 솔직히는 나를 힘들게 한다고 생각했다. 엄마는 우울감을 식사를 거부하시는 것으로 대신하셨고 자신의 통장의 위치와 비밀번호를 말하는데 위로는 못할망정 그렇게 죽고 싶으냐며 온갖 모진 말을 퍼부었었다. 엄마에게 모진 말들과 귀찮아하는 듯한 나의 행동들이 죄의식으로 남아, 나는 슬퍼할 자격도 없다고 생각했다.

그렇게 엄마를 보내고 일상을 지내면서도 그저 가끔 그리울 때 남몰래 눈물을 흘릴 뿐 아무렇지도 않은 척 나는 크게 울지 않았다. 가끔은 지인들과 대화 속에서 엄마라는 주제가 나올 때 지나치게 엄마를 '이상화'시켜 세상 현명하고 지혜로운 사람으로 과대 포장하고 있는 내가 있었다.

물론 우리 엄마는 지혜롭고, 가족을 위한 헌신으로 일생을 살아오신 내가 존경하는 엄마이지만 굳이 하지 않아도 될 말들까지 부풀려서 말을 하고 있는 나를 발견하고 동시에 따라오는 생각은 스스로 굉장히 위선적인 태도를 가진 사람인 것 같아 힘들었다.

그러다 보니 혼자 있을 때는 내가 뭐 하는 거지? 엄마를 그리워하는 것인지 혼란스러웠다. 슬퍼하는 대신에 엄마를 과대 포장하는 듯한 위선적인 태도에 죄의식을 느꼈었던 것 같다. 마치 그렇게 훌륭하고 대단한 엄마한테 너는 잘못한 거야 하며….

그렇게 엄마를 보낸 후 1년이 지난 어느 날 애도 상담을 하면서 엄마와의 일상을 추억하며 내가 얼마나 엄마를 그리워하고 사랑했는지 알게 되었다. 그리고 엄마의 죽음이 내 인생에서 얼마나 힘든 일이었는지 인정하고 1년 전에 울어야 했던 울음과 눈물을 다 흘렸다. 나의 죄의식을 눈물 속에 떠나보냈고 회한을 풀어내었다.

엄마의 표상이 사라질까봐 치맛자락을 붙잡고 놓지 못하던 어린아이가 아니라 어른인 나로 엄마의 산소에 혼자 찾아가 용서를 빌고 엄마를 애도하고 사랑과 존경과 감사의 말을 할 수 있었다. 엄마의 무덤 앞에서 처음에는 그저 '엄마 미안해요'라는 말만을 반복하며 울었을 뿐, 다른 어떤 말도 나오지 않았다. 상담하는 내내 엄청나게 울었는데도 그것과는 또 다른 눈물이었다. 말보다도 슬픈 감정을 토해놓는 것이 필요했나보다.

두 번째 상담에 가서야 비로소 엄마가 나에게 어떤 존재였는지, 엄마의 지지와 응원이 지금의 나로 성장하는 데 얼마나 큰 영향을 주었는지, 그리고 얼마나 그리운지, 내가 엄마한테 잘못한 것이 무엇인지 용서를 빌었고 내가 기억하는 엄마와의 이야기를 할 수 있었다.

무덤 앞에서 앉았다가 돗자리에 누워 하늘을 바라보면서 엄마와의 추억을 회상했다. 가슴에서 뭔가 쑥 빠져나가는 것 같은 느낌이 들며 후련하고 편안해졌다. 더 이상은 위선적인 이야기로 엄마를 이상화할 필요도 없고 아빠와 엄마 이야기를 편하게 할 수 있게 자유로워졌다. 그전에는 엄마 이야기를 하는 것이 부담스럽고 아빠가 힘들지 않을까 싶어서 엄마 이야기를 피했는데 그건 그저 나의 핑계였던 것 같다. 생각보다 갑작스럽게 가신 것에 대한 아쉬움에 내한 이야기, 아빠가 엄마한테 잘못한 것들도 이야기하니 오히려 아빠가 더 좋아하시는 것 같았다. 아빠와 엄마와의 추억을 편안하게 꺼낼 수 있게 된 것이 가장 좋았다.

애도는 슬픔을 슬프다고 말하는 것이라고 생각한다.
애도는 마음속에 있는 미해결된 슬픔을 찾아내는 것이다.
너무나 당연한 것을 못해서 힘들었던 것이다.
인간의 삶에서 상실이란 누구나 겪는 흔한 경험이다.
나이도 상관없고, 어느 순간 예기치 않게 사고처럼 겪을 수도 아니면 예견했다 해도 감당하기 어려울 수 있다.
갑자기 내 인생에서 의미 있던 대상이 더 이상 존재하지 않는다는 것을 인정한다고 해도 처음에는 상실한 대상에 대한 애착을 거두어들일 수 없다. 대신 나처럼 현실을 부인하고 이상화하고 슬픔을 지연하고, 죄의식에 사로잡히는 등 병리적 애도 반응을 보일 수 있다.
이는 상실한 대상의 정신적 표상에 매달림으로써 고통으로부터 도피하고자 하는데 이로 인해 대상의 상실은 자아의 상실로 변형된다고도 한다. 슬프면 슬프다고 아프면 아프다고 말하는 것이 지극히 자연스러운 반응인데 그게 그렇게 어려웠나 보다. 애도 상담은 나의 인생에서 정말 소중한 경험이었다.

who am I? 언니는 낙담한 우월성 추구야

사람들은 자신을 알아보기 위해 각종 심리검사도구를 활용한다. 요즘 유행하는 MBTI를 비롯해 애니어그램, MMPI 등등 수많은 심리검사도구를 통해 자신을 알고 싶어 한다. 그리고 검사 유형에 관한 특징들에 자신을 끼워 맞추기도 한다. 완전 틀린 것들은 아니고 그렇게라도 자신을 알고 싶어 하는 것이 잘못도 아니다. 다만, 아무리 타당도와 신뢰도가 있는 검사도구라 해도 개개인의 심리적 기저와 특성들을 다 담을 수는 없고 뭉뚱그려 대략의 특성들만 알 수 있을 뿐이다. 그러다 보니 검사 후에 뭔가 자신과 불일치되는 모습에 더욱 혼란을 겪기도 한다. 나이가 들수록 진정한 내가 아닌 나에게 주어진 역할의 수행에 치우치다 보면 남이 아는 나와 남이 모르는 나 사이에 괴리감이 큰 사람들도 많다. 자신의 가면들 속에 가려진 진정한 나를 찾기는 더더욱 쉽지 않다.

그래서일까. 예전에 나는 노래 〈가시나무〉의 '내 속에 내가 너무도 많아'라는 가사에 공감하고 나는 "나를 설명하기에는 너무 복잡한 사람이야!", "검사도구가 나를 설명하기에는 나는 너무 다양한 특성을 가졌지" 하며 허세를 부리며 다녔던 적이 있다.

그럼 나는 왜 끊임없이 나 자신에 대해서 알고 싶어 했던 걸까? '타인은 나를 비추는 거울이다'라는 말이 있듯이 타인들 속에서 나의 모습을 발견하면서 나를 알아보려는 것들이었을까? 아니면 그냥 사람에 대한 관심이었을까? 혹은 무언가 나 자신으로 살고 있지 않다는 불안이 있었던 걸까?

나로 살지 못한다는 것들로 인해 매번 타인들과 외부 환경에 의해 흔들리는 나를 느끼고 흔들리지 않는 삶을 살고 싶어서였을까?

암튼 심리학이 뭔지도 모르면서도 난 초등학교 4학년 때 엄마한테 "난 심리학과 갈 거야"라고 말했었고 20대에 전혀 다른 전공과 일들을 하면서도 심리학책을 찾아 읽기도 했다.

그런 생각들로 인해 다 늦은 나이에도 심리학을 공부하고 코칭심리학과에 진학하고 프로이드 정신분석, 융 철학에 기반한 꿈 분석, 대상관계이론, 아들러 심리학 기타 등등의 공부를 하고 있는지도 모르겠다. 그런 어릴 적부터 나를 알고 싶은 여정들이 공부를 하면서 조금씩 알아가고 있는 것 또한 사실이다. 나의 고유한 특성들이 어디서 기인한 것이고 어느 상황에 더 발현되고 어떤 행동들은 왜 반복하며 같은 곳에서 넘어지고 후회하고 다시 일어서는지….

그중에서 내가 나 자신을 좀 더 이해할 수 있었던 것은 아들러의 개인심리학에서 열등감과 우월성추구에 대해 공부할 때였다. 인간은 누구나 어떤 측면에서는 열등감을 가지고 있다. 인간은 사회적 존재이기에 타인들과 비교하여 자신을 평가하기 때문일 것이다. 스스로를 저평가했던 나는 10대 때는 공부만 잘하는 친구들을 향해서는 '인생의 깊이가 없는 아이들'이라며 폄하하며 열등감을 허세로 감추었다. 부모님에게 혼나지 않을 정도, 학교에서 무시당하지 않을 정도의 성적을 유지하며 겉으로 보기에는 아무렇지도 않지만 그저 혼자만의 세상에 빠져 있었던 것 같다. 나의 모든 상황에 맞닥뜨리기 싫어서 회피했던 것 같다. 20~30대에는 직장상사나 동료로부터 듣는 칭찬과 인정을 불편해하고 '그냥 하는 소리지 뭐' 하며 신뢰하지 않았다. 지금 생각해보면 나는 나름 직장에서 유능했고 칭찬과 인정을 받았었다. 그러나 그럴수록 끊임없이 무언가 배우고 시간을 헛되이 보내는 것을 불편해하며 무언가 끊임없이 배우고 했던 것 같다. 인정받고 싶고 그러기에는 모자라다고 느끼면서 결핍을 채우려는 헛헛한 몸짓이었던 것 같다. 솔직히는 나는 내가 열등감 콤플렉스가 있다는 것조차도 알지 못했다.

나의 일련의 행동들이 열등감 콤플렉스에 기인한 것을 인정하게 된 것도 얼마 되지 않았다. 나의 열등감 콤플렉스는 양육환경에서 기인했을 것이다. 대가족 안에서 최고의 권력자인 할머니 밑에서 장손인 큰오빠 지위는 천상계, 거기에 반해 나는 권력구조의 최하위에 있었고 존재 자체가 미비했다. 집안일을 도와주는 언니도 엄마가 안 계실 때는 눈치를 주었었다. 또 하나, 지금도 선명하게 기억하는 일이 있다. 거실에서 빨래를 개고 있던 엄마에게 가려고 오빠의 청바지를 넘어가다가 할머니가 '어디 장손의 바지를 기지배가 타 넘어가냐고' 혼이 난 적이 있다. 더 화나는 것은 할머니를 정말 싫어하고 미워하면서도 그런 대상에게 인정받고 싶어 했다는 것이다. 어떻게든 나도 괜찮은 아이라는 우월감을 가지기 위해 노력했다는 것이 억울한 생각도 든다. 나의 열등감 콤플렉스는 막내라는 가족구도 안에서도 태생적으로도 존재할 수밖에 없었는데 남아선호사상으로 장손밖에 모르던 할머니의 편애가 열등감 콤플렉스를 가중시킨 것도 같다.

또 하나 인정하기 싫지만 오빠는 무엇이든 나보다 잘한다는 것이 문제였다. 그 당시는 내가 뛰어넘을 수 없는 넘사벽이라고 느꼈다. 초등학교 때 일이다. 내가 금상을 받아 기쁘게 집으로 뛰어온 날 오빠는 최우수상을 받아와서 나는 책가방에서 상장을 꺼내지도 않았다. 꾸깃꾸깃해진 상장을 엄마가 꺼내기 전까지 우리 식구는 아무도 몰랐다. 그래서 나는 나만의 캐릭터(시니컬하고 쿨한 척하거나 부당함에 심하게 화를 내고 권위적인 것에 분노하고, 남녀평등에 발톱을 세우고, 아닌 것에는 빨리 포기하고, 나의 정서에는 무감했고 아닌 척하지만 인정욕구가 강하고 등등)를 만들어냈던 것 같다.

모범생 캐릭터로는 나의 존재감을 내세울 수 없고 우월감을 느낄 수 없으니까… 나름 괜찮은 전략이었던 것 같다.
아들러는 가족구도 안에서 출생순서는 개인의 삶에 영향을 끼치고 순서에 따른 성격 특성을 만들어낸다고 했다. 결국은 나는 살아내기 위해 나만의 성격 특성을 만들어냈던 것인가 보다. 그러나 반전은 여자아이가 고분고분하고 조신한 태도를 갖지 못해서 걱정이라는 부모님의 염려를 듣기도 했지만 나는 나의 특성을 밀고 나갔던 것 같다. 인간은 다 자기 살 궁리를 하는 것이 신기하다.
아들러는 우월성 추구를 유아기의 무능과 열등에 뿌리를 두고 있는 기초적 동기로 보았고 우월성이란 개념을 자기완성, 자기실현이란 의미로 말했고 열등감을 다소 긍정적인 방향으로 바라보아 성장, 능력을 위한 모든 노력의 근원이라고 말했다. 그렇기에 자신의 나약함을 극복하고자 개인이 추구하는 생활양식 속에 파고들어 개인의 삶에 부여하는 가치관에 영향을 주고 성장의 결과를 이룰 수 있는 단초를 만든다고도 했다.

아들러를 배우기 전까지 나는 나의 능력을 스스로 폄하했다. '에이~ 그 정도는 누구나 다 하지 않아?', '그게 뭐 대단한 거라고' 등등 웬만한 성취나 인정에 인색했는데 아들러 개인심리학 공부를 통해 스스로를 통찰하면서 나를 인정하는 타인의 이야기를 순순히 받아들이고 스스로도 수용하기 시작했던 것 같다. 나의 성격 특성들이 내 삶에서 어떻게 발전하였고 어떤 상황들 속에서 형성되었는가를 알고 나니, 나의 이해하지 못하는, 때로는 과하게 행하는 것들에 대해 이해가 되었다. 현재의 내 모습에는 열등감이 함께했고 그것이 내 성장의 밑거름이 되었다. 그래서 나름 노력하고 살아온 것들에 대하여 스스로 대견해하고 다른 사람들의 인정이나 칭찬들을 불편해하는 데 나의 에너지를 소모하지는 않을 작정이다. 아들러를 같이 공부한 후배가 붙여 준 '언니는 낙담한 우월성 추구네'라는 닉네임이 나쁘지 않다.
열심히 노력해 온 내가 자랑스럽다. 그것이 열등감에 대한 보상으로 우월성을 추구하면서 나를 힘들게 했다 하더라도….
이 외에도 나는 여전히 내가 궁금하고 나의 또 어떤 모습을 어느 시점에 통찰할지는 잘 모르겠지만 진정한 나를 알아갈수록 삶을 대하는 태도가 가벼워지고 솔직해지는 것 같다.

코칭을 배우며 - 당신은 좋은 상담자(코치)입니까?

"아저씨는 좋은 사람입니까?"

〈증인〉이라는 영화에서 자폐아 여주인공이 변호사에게 했던 질문을 나에게도 해본다.

"그래서 나보고 어쩌라고요!"

짧은 머리에 반항기 가득한 A는 원망 어린 눈빛으로 나를 쳐다보며 소리를 질렀다.
흐르는 눈물을 닦지도 않고 나를 노려보며 한없이 울었다.
그 작은 눈에 어찌 그 많은 눈물을 담고 있었을까!
난 그저 가만히 앉아 있는 것 외에 달리 아무것도 그 어떤 말도 할 수 없었다.
10번의 상담 중 7번째 상담까지도 "아니요" "몰라요" "싫어요" "언제 끝나요" 하며 입을 꾹 다물고 말을 아끼던 A가 처음으로 나에게 물어본 말은 3회기쯤 "선생님은 몇 번까지 와요?"였다. 그러던 A가 8회기에 나의 어떤 말이 트리거가 되어 그렇게 울분을 터트렸는지 기억도 나질 않는다. 내가 던진 말 중에 아마도 몹시 억울하고 분하고 절망적이었다고 느꼈기에 나온 반응이었으리라 생각한다.

2012년 어느 날, 그림을 그리는 것을 좋아하고 무엇이든지 만드는, 손끝이 야무지고 그것 외에는 아무 관심도 없고 행동도 슬로비디오를 보는 것처럼 느리게 움직이고 말도 거의 없는 보기 드물게 짧은 머리에 사나운 눈매를 가진, 그러나 눈을 마주치기를 거부하는 태도를 가진 A를 만났다. 학교에서도 친구들과 어울림이 거의 없고 선생님에게조차 아무 관심을 못 봤던 A는 도벽과 말도 안 되는 거짓말로 자신을 드러내고 있었다. 학교 상담선생님과의 상담도 싫다고 하고 엄마가 학교에 가지 않으니 지역아동센터 소장님의 의뢰로 만났었다.

그림 그리는 것을 좋아하는 탓에 미술심리 상담을 하기로 하고 우리는 같이 그림을 그리고 피규어를 조립하면서 상담이 시작되었다. 새 아버지의 폭력과 새 할머니의 이부동생들과의 편애와 언어폭력, 엄마의 무능함으로 집에서 할 수 있는 거라곤 잠자는 것 외에 아무것도 할 수 없었던 아이였다.

집에서는 그 무엇을 해도 비난과 미움을 받는 A는 그저 잠자기 전까지의 시간을 지역아동센터에서 보내고 집에 가서는 자는 것 외에 아무것도 할 것이 없어서 8시면 자야 하고 자기의 공간이 1평도 없어 상담을 하며 자기가 애써 그리고 만들어낸 결과물을 가져갈 수 없어 매회 마무리는 그것을 다시 부숴버리고 말았던 A의 텅 빈 눈을 기억한다.

A를 둘러싼 환경은 이보다 더 나쁠 수도 없었다. 그 당시에 내가 할 수 있었던 것은 내가 아는 알량한 상담이론을 A에게 적용하는 것이

었다. A의 문제행동들과 촉발요인들을 파악하는 것으로 시작해, 부적응적 패턴과 스트레스 상황을 이해하고 그것을 극복하기 위한 해결방법을 제시하고⋯ (중략) 사례 개념화를 통해 복잡하고 모순된 상황들을 인식하게 하여 도움을 주고⋯ (중략) 자신의 문제를 정확히 바라보게 하여 상담의 동기를 높여서 상담목표를 세우고 상호협력하여 성공적으로 상담을 마무리한다는⋯ 책에 써 있고 배운 대로 기타 등등 기타 등등⋯ 상담의 프로세스를 따라 경청하고 지지하고 강점을 찾고, 문제행동을 줄이고⋯.

이제 와 생각해보니 그 어설펐던 것들이 A에게 무슨 의미가 있었을까? 그저 상담을 공부하던 나에게 필요한 것이었을 뿐이었다는 부끄러움만이 남아 있다(물론 유능하고 경험이 많은 상담자들은 달랐겠지만⋯).
아동, 청소년을 대상으로 하는 상담은 환경의 변화 없이 상담을 통한 치유는 불가능했고 가족의 협조를 전혀 받을 수 없는 상황에서 내가 할 수 있는 것이 없다는 것에 맥이 빠졌고 낙담했던 것 같다.
코칭을 공부하면서 난 A를 계속해서 떠올렸다. 그 당시 나의 답답함, 무능함, 공허함, 나야말로 '나보고 어쩌라고요'에서 한 발도 나아가지 못했던 안타까움에 답을 찾고 싶었던 것은 아니었을까?

그때를 떠올리면 나는 당시 A를 그저 어리고 힘이 없고 아무것도 할 수 없는 누군가 도움을 받을 수밖에 없고 보살핌을 받아야 하는 나약한 인간으로밖에 보지 못했고 그 양육과 보호적 측면에서 내가 할 수 있는 것들이 없음을 낙담하고 부정적으로만 바라본 것을 말하는 것이다. (물론 미성년자로서 당연히 받아야 하는 권리와 보호를 무시하는 것은 아니다.)
내가 부족한 것도 있지만 코칭을 배우며 나는 인간에 대한 이해와 관점이 달라졌다. 그렇다고 지금에 와서 다시 상담이든 코칭이든 한다면 A를 상대로 소위 말하는 성공적인 결과를 도출할 수 있겠냐? 라고 누군가 물어본다면 그것 역시 함부로 말할 수는 없지만, 다만 내가 말하고 싶은 것은 내담자 혹은 피코치를 바라보는 나의 관점을 이야기하는 것이다. 모든 사람은 온전하고 창의적이며 누구나 무한한 가능성과 잠재력을 가지고 있으며 답은 그 사람 안에 있다는 코칭 철학을 믿는다. 다만 사람들은 스스로 그렇지 못하다고 느끼는 상태일 수는 있다. 그런 상태에서 벗어나 원래의 모습으로 끌어올리는 것이 코칭의 시작이라고 생각한다.

이런 코칭 철학이 전제되지 않으면 코칭을 통한 변화와 성장은 불가능하기 때문이다. 코치로서 코칭을 잘하고 못하고를 떠나 이 전제를 믿느냐 믿지 않느냐는 큰 차이가 있음을 깨달았다고나 할까? 그 당시 나는 인간에 대한 믿음, 철학, 인식 등등 나의 인간관이 달랐음을 이제야 깨달았다는 것을 말하는 것이다.

당시 나는 의욕만 앞서 A의 문제의 원인과 그를 둘러싼 환경에만 너무 집중한 나머지 부정적이고 암담한 환경에 A와 똑같이 할 수 있는 것이 없다고 내 스스로 결론 내렸던 것 같다.

또한 심리 상담은 치유를 목적으로 하므로 많은 심리 상담 이론을 배경으로 사람들의 마음의 병을 진단하고 치유의 방법 및 전반적인 과정을 거치는 것인데 A의 경우 그를 둘러싼 환경의 변화 없이는 치유가 불가능하다고 믿었기 때문인 것 같다. 그러나 문제에 집중할 것이 아니라 앞으로의 변화 가능성에 집중해야 함을 코칭을 통해 깨달았다는 것이다.

지금에 와서 생각해보면 코칭의 기본 목적인 인간의 변화를 목적(한국코칭심리학회)으로 자신감과 잠재력을 최대한 발휘할 수 있도록 도왔다면 어땠을까? 그래서 결국은 수많은 장애요인에 불구하더라도 삶의 목적가치를 새롭게 세워 스스로를 가치 있는 인간임을 믿게 하겠다는 코칭전략을 세웠더라면 어떠했을까 하는 생각이 들었다.

아마도 코칭을 공부하는 내내 A를 떠올린 것은 이러한 깨달음과 아쉬움이 있어서는 아닐까 싶다. 특히 절망과 막막함에 대해 이야기할 때 코칭의 전략인 관점 전환을 사용하여 좀 더, 유연하게 그리고 발전적인 방법들을 모색하고 A가 가지고 있는 자원을 찾는 데 치중했더라면 좀 더 낫지 않았을까 싶다는 것이다. 예를 들어 어른이 돼서 자기를 힘들게 하는 사람들에게 복수하고 싶다는 마음이 어쩌면 A의 자원이 아니었을까?

그러면 그 부정적 동기라도 잡고 일단은 무기력한 그 아이를 움직이게 할 수는 있었을지도 모른다는 생각이 든다.

이제 와서 이런 것들이 무슨 소용인가 싶기도 하지만 이렇게라도 그 당시 나의 어설픔과 부족함에 대한 아쉬움과 A에 대한 사과라고 생각하는 중이다.

갈등을 대하는 태도 – 솔직과 수용 그리고 주(酒)님!

2014년도에 청소년들의 진로교육을 하는 선생님들 23명과 같이 교육협동조합을 창업했다.

협동조합인데 협동이 어려웠다. 모두 다 다른 생각들 미숙한 의사소통들 다른 가치관들 부딪치는 것들이 너무 많았다. 또한, 운영이사들에게 너무 많은 책임과 업무가 따라왔고 재정적으로도 힘이 들다 보니 예민해지고 서로를 향해 날 선 반응을 보였다. 갈등을 해결하는 방식도 매우 미숙했다.

결국, 2016년에 해체의 위기가 있었다. 조금씩 내색하지 않았던 불편함들이 마침내 터져나왔고 작정하고 모든 것들에 대해 허심탄회하게 이야기해보자던 그날의 방향은 '힘들어서 못해 먹겠네' 차라리 협동조합을 폐업하자는 이야기와 진심으로 갈등을 해결하고자 하는 이야기들은 인신공격이 되었고 상처가 되었고 한 사람은 결국 그만두게 되었다.

마지막까지 설득해보고자 했지만 진심은 진심으로 받아들여지지 않았고 남은 사람들도 떠난 사람도 상처만 남았다. 한동안 방향을 잃고 의기소침하다가 남은 선생님들과 1년만 더 해보고 안 되면 정말 미련 갖지 말고 폐업하자고 결의했다. 결론은 현재까지 잘 유지되고 있다는 것이다. 그때 우리가 약속했던 것이 할 말을 솔직하게 하고 감추지 말고 의사소통하자는 것이었다. 때로는 서운하고 각자의 의견이 달라도 담아 두지 말고 할 말은 하자였다.

가끔은 내 맘 같지 않고 또 내 의견이 옳은데 수용되지 못한다고 생각되면 화가 나고 짜증도 나고 싸우기도 하고 맘이 상하기도 하지만 5년이 지난 현재는 우리의 의사소통 방식이 좋다. 의사결정에서 감정을 최대한 배제하고 일에 대한 각자의 이야기를 솔직히 이야기했다. 남들이 보면 너무 직설적으로 이야기하는 것 아니냐고 놀라며 "이 조직 치열하네" "무섭네" 기타 등등의 말을 하지만 정작 우리 조합 안의 샘들은 아무렇지 않다. 나 또한 그렇다.

삶에서 가장 힘든 것은 인간관계인 것 같다. 예전에 읽었던 카네기의 인간관계론이나 대학원 초기 인간관계훈련이란 과목이 생각난다.

이런 이론들에 의하면, 사람은 경제적인 욕구보다는 심리적인 만족을 더 추구하는 존재이며, 합리적으로 행동하기보다는 감정의 논리에 의해 비합리적으로 행동하려는 경우가 더 많다는 것이다. 따라서 조직이 바라는 행동의 동기부여는 경제적 요소가 아니라 사회심리적 요소임을 강조하고 있다.

맞다고 생각한다. 사람은 심리적 만족을 추구하는 심리적 존재가 우선이다. 예를 들어 아무리 타인의 의견이 옳다고 해도 감정적으로 맘에 들지 않으면 동조하지 않게 된다. 비이성적인 태도이지만 괜한 억지와 강짜를 부리기도 한다. 나중에 생각해보면 이불 킥 할 정도로 후회되고 창피하지만 간혹은 그런 상황이 연출되기도 한다. 그럴 땐 가차 없이 자신이 유치했음을 인정하는 것만이 최선이다. 괜한 자존심 부려봐야 창피하기만 하다는 것을 같이 일하는 샘들과 지내다 보니 많이 배웠다. 그래서 이제는 일에 대한 의견을 주고받을 때 감정을 배제하고 왜곡되고 비틀어진 자신의 미숙한 감정은 자신이 각자 해결하는 방식으로 가고 있다. 어설픈 이해나 추측, 회피보다는 정확하게 "무엇이 불편한데?" "어떻게 했으면 좋겠는데?" 하고 물어보고 상대가 "내일 이야기해요" 하면 우리는 그 자리를 무조건 종결하고 각자의 생각할 시간을 갖는다. 서로 이불 킥 할 상황을 미연에 방지하고자 스스로 성찰해볼 시간을 주기 위함이다. 위로나 배려가 없이 너무 냉정하지 않느냐고 말할 수 있지만 많은 인간관계 속에서 진정성 없는, 마치 다 이해한다는 둥 맘 풀라는 둥 어쭙잖은 위로는 아무 도움이 안 된다는 것을 안다. 위로는 상대가 원할 때 하는 것이 진정한 위로인 것이라고 생각한다. 처음에는 이런 상황이 불편했다. 뭔가 비인간적인 것 같고 이렇게 끝나면 안 되는 것 같고 하지만 각자의 생각을 이해하고 성찰의 시간을 존중하는 것이 정말 그를 수용하는 것이라고 생각이 든다.

그리고 나머지 심리적 만족은 주(酒)님의 도움을 받는다.

술자리에서는 가정사, 경제사, 인간사, 삶의 많은 것들을 공유하고 위로받고 해결책을 얻으며 울기도 하고 웃기도 한다. 협동조합을 하는 대표들과의 만남에서 조합원들과 관계에 어려움을 토로하는 어떤 대표님이 물으셨다. 어떻게 조합원들과 잘 지내냐고? 나는 주저 없이 말했다. "술이요"라고. 믿지 못하시는 것 같았다. 농남처럼 들리셨나 보다. 난 사실인데….

우리는 여전히 갈등 상황에 부딪힌다. 각기 다른 성격과 가치관들이 충돌한다. 그러나 우리는 매번 합의점을 찾는다. 그리고 주(酒)님을 영접하러 간다.
그렇게 평생의 동료를 얻었다.
무엇을 하든 있는 그대로를 보여도 창피하지 않을 안전지대가 필요한가?
갈등을 성숙하게 바라보고 해결하고 싶은가?
그러면 서로에게 솔직하라. 그리고 수용하라. 마지막으로 주(酒)님도 잊지 말도록.

집단 상담의 풍경 – 써클(circle) 안에서

써클이 만드는 형태의 온전함
써클에서 마주한 민망함

써클 안 타인들
흔들리는 눈동자들

기다림의 침묵
선을 넘는 역동
예의 없는 지루함
버거운 사연들
솔직한 후회들
두려운 시선들
절망과 다급함

써클 안에 토해내고 흩어진다.
무거운 숙제를 짊어지고

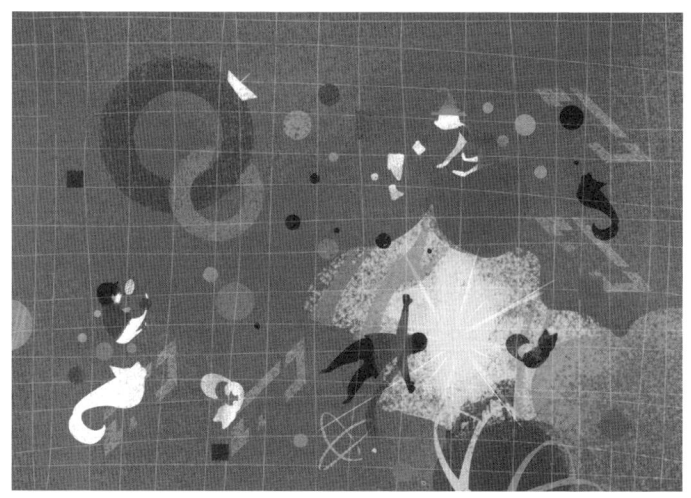

꿈 분석 – 무의식과 의식의 경계를 넘다

의식과 무의식의 경계에서
무의식의 기억을 쫓아
블루라이트 불빛을 따라
손 안에 텍스트가 쌓인다.

그사이 의식의 세계로 넘어와 버렸다.

다시 경계를 넘고자
눈을 감아도 무의식의 문은
무심히 닫힌다.
실루엣이 드러나고
텍스트가 나타나고
오타를 상상하고
맥락을 부수며
상징을 찾는다.

고요 속에서
어둠 속에서
길을 묻는 나에게
꿈이 말을 건넨다.

든든한 삶이다.

이경숙

나는
나로
살기로 했다

하나. 대학원 면접일

면접일.
다른 여러 가지 목적이 있었지만,
특별히 대학원 교육 과정에 대한 기대는
타인을 잘 이해하고 싶은 마음,
우는 자들로 함께 울고 웃는 자들과 함께 웃을 수 있는
그런 사람이고 싶어
대학원의 문을 두드렸다.
그런데 이상하다.
배움이 더하여질수록, 학기가 지날수록,
이건 뭐지……. 뒤죽박죽이다.
이건 뭐야 혼란스럽다.
머리에 지진이 난다.
진짜 나는 누구야…
누구냐고!!!!!

둘. 상담 첫 경험

대학원 1학차 과제로 주어진 상담 10회기 시작
아무 문제없는 삶, 아니 문제가 문제 되지 않는 그런 날들을 지내고 있었기에 별 기대 없이 시작한 상담이 1회 2회 3회 진행될수록 내 마음 저 바닥 아래 구석 꿈틀거림이 느껴진다.
'훌쩍 훌쩍~ 히잉~ 흐어~~ 엉어어어~~'

'아 진짜 아무 문제 아니라니까!!!~~~~~~ 아.무.문.제.아.니.라.고?'
'이건 뭐지~ 하……악……끄……억……어~엉~~~~ 그래 그랬었구나~ 내 마음이 그랬었구나~'
그동안 아무 문제가 없었던 게 아니라 내 마음을 돌보지 않았던 기였어… 내 마음을.

나는 2살 위인 언니와 아래로 4살 어린 남동생이 있다. 그 중에서 특별히 나는 집 안을 청소하고 정리하는 방법을 잘 알고, 잘한다. 유목끼리 분류도 잘하고, 가구배치도 시시때때로 동선에 맞추어 잘 배치한다. 그리고 그 일은 초등학교 3학년 때로 돌아간다. 나는 초등학교 3학년 때부터 설거지, 청소는 물론이고 밥도 하고, 국도 끓일 줄 알았다.
빨래를 하고 정리하는 것도 선수 급이다. 누가 시켜서 한 건 아니다. 그냥 했다. 하고 나면 기분이 좋았고, 부모님이 용돈도 두둑이 주셨다. 그리고 여전히 집 안을 청소하고 정리를 잘한다. 가정, 직장 어디에서든 말끔하게 주변 정리가 되어 있었고, 그래야만 했다. 스트레스를 받고, 정신을 쏟고 싶을 때면 옷장의 옷들, 주방에 물건들을 정리하면 기분도 좋아진다. 그렇게 정리하고 나면 쓰러져 잠드는 것이 훨씬 수월하다. 상담 10회기를 하는 동안 내내 나의 특기이자 자랑인 이 주제가 실상은 사랑받고 싶은 어린 나의 애절하고 애달픈 표현이었다는 것을 알게 되었다.
사진처럼 여러 장의 기억의 앨범 속의 그 사건은 이렇게 시작되었다. 학교 앞 문구점은 집에서 5분 거리에 있다. 4차선 도로를 건너야 갈 수 있는 학교 문구점을 향해 남동생과 자주 잉어 뽑기를 하러 길을 나섰다. 이왕이면 운수 대통 커다란 잉어를 뽑으면 대대손손 자랑거리로 삼으리라고 생각하며 뽑기를 하지만 늘 좋은 결과가 있었던 것은 아니다. 그리고 꽝이 나오면 섭섭한 마음 들지 않도록 꽃 모양의 작지만 맛난 보너스 사탕이 있어 집까지 가는데 아쉽지 않았다.
이날도 여느 날과 같이 잘 맞지 않았다. 그래도 절망적이지 않은 성과이다. 손바닥만 한 물고기와 작은 꽃 사탕을 들고 잠시 고민하다 작은 꽃 사탕을 동생에게 건네주었다. 아무래도 눈치가 이상하다. 이 놈이 손바닥에 건네준 꽃 사탕을 바닥에 던지고는 뒤돌아 뛰어간다. 삐졌나 보네~ 흠흠~~ 나는 손에 쥐어 든 어른 손바닥만 한 물고기 사탕의 비닐을 뜯어 입에 물고는 달콤한 설탕 향을 느끼며 돌아서는데 끼~~이익. 텅~~~ 날카로운 차량의 급브레이크 제어 소리가 크게 들렸다. 웅성웅성 소리에 달려가 보니 4차선 도로 어딘가에 남동생이 누워 있다.

또 다른 사진 한 장.
병원에 동생이 누워 있다. 나는 엄마, 아빠 뒤쯤에 서 있다. 엄마, 아빠는 이 사고에 대해 아무런 말씀도 하지 않으셨다. 괜찮다고도, 그렇다고 호되게 야단을 치지도 않으셨다.
이 사건에 대해 나와 마주하는 일은 없었다. 내가 기억하는 세계 속에서는~ 남동생은 그러고도 거의 1년을 병원에 있었던 것 같다.
나는 그냥 그렇게 다시 평범하지만 뭔가 다른 느낌의 일상을 마주하며 살았다. 아무 일도 없었던 것처럼, 그때쯤부터였던 것 같다. 눈치껏 밥도 하고 설거지도 하고, 방도 청소하고, 빨래도 개어놓고… 그래야 할 것 같아서… 아니 해보니 내가 할 수 있는 것이어서… 하고 나면 가족들이 좋아하고, 그래서 나도 기분이 좋았는데 상담을 끝낸 지금, 마음이 슬프다고 한다. 섭섭하다고 한다.

어린 나에게 말한다.
"동생이랑 같이 있다가 이런 일이 생겨서 많이 놀랐겠네."
"동생은 괜찮으니까 크게 다치지 않았으니까 걱정하지 마."
"괜찮아(토닥토닥), 괜찮아(토닥토닥)."
"너에게 사고에 대한 어떤 말도 해주지 않아서 불안했겠네!"
"네 잘못이 아니야, 이건 사고라는 거야. 누가 일부러 그런 게 아니란다."
"뭐 하지 않아도 너는 그냥 너로 참 괜찮은 아이야."
"그렇게 존재감을 드러내려고 청소하지 않아도 된단다. 아가야, 너는 엄마, 아빠의 사랑이란다."
'훌쩍 훌쩍~ 히잉~ 흐어~~ 엉어어어~~'
'이건 뭐지~ 하……악……끄…….억…….어~ 엉~~~~그래 그랬었구나~ 내 마음이 그랬었구나~'

나의 부모님은 맛나고 몸에 좋은 음식, 계절과 성장속도에 맞는 의복과 배움에 대한 투자 등 늘 좋은 것 최상의 것으로 필요를 채워주셨다. 그런데 부모님 두 분 다 무뚝뚝한 성격으로 표현력이 부족하시고, 자녀들을 위해 밤낮없이 수고하시느라 육체적으로 피곤하셔서 그런지 별 말씀 없이 유년기, 청소년기, 청년기를 지냈다. 지금도 여전히 표현은 서투시다(청소년기 유일한 생존자이신 외할머니도 생각해보니 무뚝뚝하시다). 이것이 애착관계가 필요한 시기에, 안전기지로서 부모의 역할이 필요한 자녀들에게 아주 중요한 부모의 과업인 것을 잘 모르셨던 것 같다. 식물이 자라려면 빛, 물, 적당한 온도가 필요하듯 자녀들에게 따뜻한 눈빛, 손길, 미소와 적당한 감정언어가 필요하다는 것을 말이다.

행동이 통찰을 통해 해석이 되고, 이해가 되었던 첫 경험!

상담 별거 있네! 그런데 이성적인 해석과 이해와는 다르게 나의 감정이 휘몰아친다.
하루 이틀, 한 주, 그리고 한 달.
마음이 우울했다가, 이해도 됐다가, 서운했다가, 괜찮았다가, 화도 났다가… 마음이 복잡하다. 머리가 띵 아프다.
집 안에 가만히 있기가 힘들다.
에잇, 나가자!
"노랗게 염색해주세요~"
'음~ 괜찮네, 괜찮아~ 괜찮아~'
내 맘도 괜찮은 거지? 뭐 괜찮네! 괜찮네!
그런 마음의 요동이 멎을 때쯤 삶의 변화가 일어났다.
매일 청소기를 돌리지 않아도, 정리가 마무리되지 않아도~
설거지 그까짓 거 나중에 좀 하면 어때, 지금 하기 싫은 거야? 그럼 조금 쉬었다가 해!
뭐 내일 하면 어때~! 그래 그러자~!
별일 아닌 것 같지만,
여기 지금 여기에~
나를 아끼고 돌보아주는 그런 내가 있다.

셋. 나는 나로 살기로 했다

'나도 나를 모르는데 넌들 나를 알겠느냐!'라는 유행가 가사처럼 살던 나는 감정의 목적을 망각하고 결과만을 바라본다. 그러나 때때로 모든 문제의 원인을 다른 사람이 잘못한 일 때문에 화가 났다고 오해하기도 한다. 성찰일기를 통해 무의식을 의식화하고 나니 환경과 상황은 그대로인데 삶의 질은 크게 달라졌다. 나도 모르던 나의 감정을 알아주고, 그래 이유가 다 있었구나! 라고 분석이 되고 나면 진짜 원하는 것을 찾게 된다. 인식의 변화가 일어나니 부정적 감정에 휩쓸려 롤러코스터 타는 듯한 감정으로 힘들어 할 일도 현저히 줄었다. 그리고 묻는다. 왜 그런 마음이 들었냐고… 내가 원하는 진짜는 무엇이냐고….

나의 삶에 영향을 주는 대상이 결혼 후 부모님에게서 남편에게로 향하고 있었다. "말하지 않아도 알아요~"라는 광고처럼, 로맨스 소설에서나 볼 법한 센스 있는 남자를 기대하는 것 같으나 실상은 부모를 대신해줄 사람이 필요했다. 남편이 싫어하는 상황들을 만들지 않으려고 수고했던 삶의 패턴과 행동들, 그 수고를 알아주지 않는다고 통통거리며 남편이 힘들어할 문제들을 꺼내들어 무기처럼 휘둘렀던 모든 행동들로부터 이젠 안녕이다. 그리고 묻는다. 내가 원하는 진짜는 무엇이냐고… 그것을 말로 표현해보라고.

모든 사람은 자신만의 사고의 지도와, 표현 방식이 있으며, 그것은 잘못된 것이 아니라 나와 다른 것이다. 다름을 인정하고 나니 타인을 바라보던 색안경이 벗어지면서 그들의 말과 행동에 민감하게 반응하지 않게 되고, 사람들에게 집중되어 있던 나의 감정의 안테나가 제자리를 찾았다. 그리고 묻는다. 나는 지금 어떠냐고~ 나는 안녕하냐고~~

나의 변화는 주변 사람에게도 듣게 된다.
"엄마가 옛날에는 화낼 때 많고 흥분할 때가 많았거든. 그런데 지금은 차분하게 말해줘~"

신랑이 말한다.
"나에게 편하게 대하는 것 같아 심리적 안정감을 느낀다고 할까?"
"언니~ 요즘 눈빛도 부드러워지고 여유로워 보여요."
"말 붙이기가 부담스럽지 않아요."
"편안해 보여요."
2년 반이라는 시간 동안 나에게 내가 닿을 수 있도록 도와주신 모든 것에 감사하다.

이제 안녕이다~ 과거의 감정과 타인의 감정에서 분리되어 현재의 나에게 집중하는 것 그것부터 시작이다. 나는 나로 살기로 했다~

여기서 잠깐.
이상심리에서 성격장애 나의 대한 자기분석 결과이다.
나는 강박성 성격장애자이다. 진단기준 중 6개 항목이 충족되기 때문이다. 그 내용은 아래와 같다.

1) 사소한 세부사항, 규칙, 순서, 형식에 집착한다.
2) 과제의 완수를 저해하는 완벽주의를 보인다.
3) 일과 생산성에만 과도하게 몰두하여 여가와 우정을 희생한다.
4) 도덕이나 가치 문제에 있어 지나치게 고지식하다.
5) 자신의 일하는 방식을 고집하거나 혼자 일한다.
6) 경직성 완고함을 보인다.

그래 너, 그동안 너무 까칠했어! 흐흐흐 이제 쫌. 쫌. 쫌.

넷. 첫 코치 경험

'아흐~ 떨려~ 배운 대로 할 수 있을까?'
부족함에 대한 불안함과 좋은 성과를 얻고 싶은 욕심으로 시작된 첫 번째 코칭. 코칭은 친밀감 형성이 중요하다. 내 코칭의 첫 희생자. 초보 코치에게 흔쾌히 시간 내주어서 감사했다. '누가 나에게 예전에 이런 말 했는데. 눈이 커서 눈 뜨고 껌벅거리면 라포 끝이라고~'
그녀와 일상적인 대화인 듯하지만 그녀의 깊은 무의식에 잠기어 있던 욕구를 코칭프로세서인 GROW를 바탕으로 코칭 목표를 정하고 내가 좋아하는 NLP를 적용하여 단기코칭이 마무리되었다.

코칭목표가 정해지고 회기가 진행되는 동안 그녀는 무척 행복해했다. 보기에도 그러했고 "누군가 오롯이 자신의 삶에 관해 이야기를 들어주고 생각해보지 않았던 자신의 장점을 찾아 응원해주고 지지해주는 그런 시간이 너무 좋았다"고 한다. 축어록이 어떻게 난도질당할지 모르지만 일단 끝났다.

2020년 현재 그녀는 코칭목표로 세웠던 '용기 내 앞으로 해볼 수 있는 일 찾기' 중 양식조리사 자격증을 성공적으로 성취했다. 그것뿐만 아니라 한식, 일식, 중식 3개의 요리사 자격증을 더 소유한 멋진 그녀이다. 일면이지만 코칭이란 이토록 어마무시한 영향력을 가진 마법과도 같은 프로그램이다.

여기서 잠깐.
사랑스러운 그녀에게 시도했던 'NLP기법(앵커링): 시험에 대한 불안감 없애기' 상담의 실제 대화 내용을 담았다. 그녀는 선호 표상체계 검사 결과 시각, 청각형이다.

나	앵커링 한번 해볼까요? 좋았던 기억을 한번 생각해보세요. 눈을 한번 감아볼까요? (음) 들어가보겠습니다 내가 행복하고 즐겁고 평화로왔을 때
그녀	음~ 잠수했을 때~~
나	눈을 한번 감고 해볼게요. (잠수) 잠수 잠수라 하면
그녀	다이빙 다이빙 스쿠버다이빙
나	지금 다이빙하고 있어요
그녀	너무 좋죠~
나	뭐가 보여요
그녀	아 바닷가에서 배 위에서 들어가려고 준비하고 있어요
나	어~~~~~ 그랬어요. 배 위에서 들어가볼까요? 캬~~~~~~ 바다 색깔은 어때요?
그녀	아~~~~ 도 파랗고
나	아 파랗고
그녀	물고기도 있고
나	물고기도 있고
그녀	어 그런데 수심이 깊어서 (어어) 들어가는 과정에는 너무 힘든데 (네네) 막상 들어가니까~~
나	쭉쭉 들어가볼까요? 어 어때요?
그녀	어 행복하네요 (미소 발그레~) 물속에 이렇게 새로운 하나의 도시 같은 느낌
나	느껴볼까요?
그녀	음~~~~~알록달록 물고기들이 보여요
나	손을 뻗어서 한번 이렇게 한번

어~~ 아~ 자꾸 내 옆으로 와요. 내 옆에 많은 물고기들 아
~ 음 아~ 너무 예쁜 것 같아요
부딪히고 마주하고 있고, 발로 첨벙첨벙 더 쭉쭉 나가봅니다
아~ (행복하죠) 네
그 행복한 기운을 어디에 담아볼까요
음~
코끝에다 코를 이렇게 손을 이렇게 해서 담아 볼까요? (피코치 손을 잡고 코끝으로)
아~ (느껴보세요) 아 생각만 해도 좋네요. 음~~~ (침묵 7초)

이후 그녀는 압박감이 몰려올 때마다 코에 손을 댄다. 그 바닷속에서의 좋은 기억 속으로, 그곳에서 평안을 찾는다.

"거봐, 샘~~ 잘하잖아요", "내 그럴 줄 알았어~ 잘하면서~ 수고했어요."
안도감과 성취감이 몰려온다. 그리고 감사하다.
동기들은 언제나 감정을 찾아주고, 의미 있는 조언들을 변함없이 편안하게 해준다.
옛 속담에 누울 자리 봐가며 발을 뻗으라고 했던가,
동기들과 함께하는 그곳이 참 좋다.
그래서 여기서부터 시작해보려고 한다.
안전기지인 이곳에서.
여러분도 드루와 드루와요~

최현숙

오!
나의
공주님

너, 나 그리고 우리

더위가 사라지고 시원한 바람이 불어오는 8월 말 아침, 소이가 없는 방을 바라보며 며칠 전 둘이 나누었던 대화가 떠오른다.

밤늦게 퇴근 후 내일 기숙사에 보내질 택배 박스를 포장했다.
"다른 아이들은 엄마들이 기숙사에 따라오니?"
"음! 오는 애들도 있고 안 오는 애들도 있어."
"엄마가 도와주지 못해 미안해. 같이 가서 짐 정리해줘야 하는데."
"한두 번 기숙사에 들어가는 것도 아니고 이제 여러 번 해 봐서 괜찮으니 걱정하지 마세요."
사소한 대화이지만 나와 조금 다른 소이와 감정 변화 없이 대화를 나눌 수 있게 된 지금 나에겐 가장 큰 행복의 시간이 되어가고 있다. 자신의 감정을 표현하고 서로의 감정을 알아가는 이 평범한 대화 속에서 너, 나 그리고 우리가 되어간다.

나는 외향적 사고형으로 분명한 규칙을 중요하게 여기며, 어떤 계획이나 결정을 내릴 때 확고한 사실에 바탕을 두고 결정을 내리지만, 소이는 내향적 감정형으로 마음이 따뜻하며 조용하고 자신이 지닌 내적 성실성과 감정적 사고가 깊고 부드러운 마음을 좀처럼 표현하지 않고 조용하게 생활 속에서 묻어난다. 감정적으로 다가오는 소이는 객관적인 기준보다는 자기 자신과 다른 사람들이 부여하는 가치를 중시하는데, 객관적인 기준을 바탕으로 정보를 비교 분석하고 논리적 결과를 이야기하는 엄마에게 감정형 아이는 자신의 감정 표현을 감추고 살아왔다. 내적 성실함을 가지고 있기 때문에 엄마의 완벽하고 계획적인 생활을 거절하지 못하고 자신은 최선을 다하고 있으나 엄마

눈에는 만족스럽지 못했다.

나에게 억압된 것은 감정 기능이다. 감정에 의존하는 활동에 소홀해지며 자기중심적이고 독선적인 부분도 있다. 사회생활을 하면서 강점이라고 믿고 사용했던 나의 특성이, 나와 다른 아이에게는 낮은 부담이 되었다. 지금 서로의 다름을 인정하고 개인의 특성을 존중함으로써 자신의 감정을 표현할 수 있고, 자신만의 환경에서 스스로 잘하는 아이에게 많은 것을 배우고 덕분에 나 자신이 성장할 기회가 되었다.

모든 것이 편안해지고 여유로운 삶 속에서 나는 내 속에 감춰진 진짜 나를 찾고 싶다. 그렇다면 '나는 누구인가?'라는 질문에 대답할 수 있는가? 중년이 되어가는 지금 나는 무엇을 위해 살고 있으며, 코칭심리학을 공부하며 나 자신이 성장해가고 타인과 다름을 알아가면서 삶의 유연성을 찾아 굳이 완벽하지 않아도 풍요로워질 수 있음을 알아가려고 노력하는 중이다.

만약, 나에게 주어진 시간이 정해져 있다면 정해진 시간 동안 나는 어디서 어떻게 무엇을 하고 있을까?

인생(人生), 즉 '사람이 세상을 살아가는 일.' 무엇이 내 삶의 방향을 알려줄 수 있을 것인가?

이제 삶의 유연성을 가지고 너그러움을 만끽하며 나의 제2의 인생을 살아가기 위해 이 글쓰기를 시작으로 인생 제2막의 문을 열어본다.

네모 엄마와 동그란 아이

2012년 봄, 새 학년이 시작되며 4월 첫째 주 소이 담임선생님한테 전화가 왔다.
"소이가 자꾸 배가 아프다고 매일 보건실에 가는데 어디가 아픈 건 아닌지 병원 가봐야 할 것 같은데요."
가슴이 철렁 내려앉는다. 초등학교 시절 항상 밝은 모습에 어려움 없이 학교생활을 잘하던 소이가 중학교에 가면서 적응을 못 하는 걸까? 아니면 진짜 몸에 이상이 있는 걸까? 많은 생각이 든다. 직장 생활을 하고 있던 나는 하루 월차를 내고 병원에 가기로 했다. 외동딸인 소이는 부모의 사랑을 듬뿍 받고 있다. 내 생각엔 그랬다. 소이가 아프면 안 되는데 큰일이다. 걱정되는 마음에 종합검진을 받을 수 있도록 대학병원 예약을 했다. 종합검진을 받고 결과를 기다리는 내내 초조함이 생긴다.
"천소이 님 들어오세요."
"안녕하세요. 검진 결과가 어떻게 나왔나요?"
불안함을 보이는 나를 바라보며 의사선생님은 "아픈 곳 없이 좋습니다. 아무렇지도 않아요"라고 말하며 나를 안심시켰다.

"소이야 여기 누워볼래. 여기가 아프니?"
"네."
"여기는 어때?"
"아픈 것 같아요."
"소이가 많이 아픈가 보구나. 학교생활이 많이 힘드니? 아니면 다른 고민이 있어?"
이게 무슨 상황인가? 결과가 아픈 곳 없이 좋다는데 왜 자꾸 아프냐고 물어보는 건지? 나는 아무렇지도 않다고 했던 의사선생님의 행동이 이해되지 않았다.

"선생님, 아무 이상이 없는데 왜 자꾸 아프냐고 물어보시는 건가요?"
"어머니~ 소이가 아프다는 말을 많이 하지요?"
"네. 이렇게 아무렇지도 않은데 왜 자꾸 아프다고 하는지 모르겠어요."
"어머니~ 소이가 아프다고 하면 아픈 겁니다. 왜 아프지 않다고 생각하세요. 아프다고 하면 많이 아프니? 하고 아픈 곳을 만져 주고 공감해주면 좋을 것 같아요."
나의 심장이 멈추는 것 같았다. 이 말이 무슨 뜻일까? 공감이라? 충분히 사랑해주고 함께해주면 되는 것 아닌가? 공감 그것은 과연 무엇이란 말인가? 결과에는 아무 이상이 없다는데 소이는 아프다고 한다. 이걸 어떻게 공감해주어야 하는가?
집으로 돌아오면서 의사선생님이 했던 말이 계속 머릿속에 맴돈다. 심장이 터질 듯 아프고 갑자기 눈물이 나온다. 왜 자꾸만 눈물이 나오지? 하염없이 눈물을 흘리며 왜 아프다는 아이의 행동을 공감하지 못하고 결과만 중요시하는지 나의 행동을 돌아보게 되었다.

현실주의자이며 모든 행동이 계획적이고 결과를 중요시하는 나는 완벽주의자이며 빈틈이 없다.
회사 생활을 하면서도 깔끔한 집, 하루 밥 세 끼는 엄마가 차려줘야 하고, 밥 먹고 나면 바로 설거지를 해야 한다.
아침 설거지를 남겨두지 않고 출근하기 위해 "소이야~ 밥 다 먹었어? 빨리 먹어. 엄마 지각하면 안 되니까." 나에게 지각은 용납이 안 된다.
"학원은 잘 갔다 왔어? 뭐 배웠어? 학원은 빠지면 안 되는 거야. 다른 필요한 건 없어? 필요하면 언제든지 말해. 이건 어때? 소이가 좋아할 것 같은데."

지금 생각해보면 아이는 숨을 쉴 틈이 없었다. 정서적인 스트레스로 인한 복통, 조용히 엄마의 뜻에 따라 행동한 아이는 숨을 쉴 틈이 없다. 마음이 아픈 아이에게 종합 검진이라니. (아이고~)

정서는 사람의 마음속에서 일어나는 여러 가지 사고와 감정을 포함한 의식적 경험의 혼합체다.

우리의 삶을 증진시키기 위해 존재하는 것으로, 인간 마음에서 일시적으로 급격히 일어나는 감정 혹은 장기적인 느낌이나 감정을 의미한다. 머리에서의 활동을 인지라 한다면, 정서는 가슴에서의 활동이라 할 수 있다. 즉, 기쁨, 분노, 슬픔, 두려움과 같은 감정은 두뇌 없이 진행될 수는 없지만, 주로 신체적인 반응과 연결되어 있어 가슴이나 피부로 경험하기 때문에 머리에서만 진행되는 인지 활동과 대비해볼 수 있다. 정서는 인간 심리의 중요한 부분이고 사고나 행동을 조작할 수 없는 것처럼 정서 또한 조작할 수 없는 것이다.

미국 심리학자 앨버트 엘리스(Albert Ellis)[2]는 비합리적 신념이 불안, 우울 또는 분노를 유발하고 부적절한 정서와 부적응적인 행동을 초래하고, 합리적 신념은 논리적으로 모순 없이 현실과 일치하는 적절한 정서와 적응적인 행동을 초래한다고 하였다. 또한, 심리학자 칼 구스타프 융(Carl Gustav Jung)[3]은 감정이 심리적 기제로 사용되는 네 가지 기능 중 하나라고 하였다. 심리적 기제로 사용되는 다른 세 가지 기

---

2 미국의 심리학자로 합리적 정서 행동치료(rational emotive behavior therapy: REBT) 의 창시자
3 칼 구스타프 융: 스위스의 정신과 의사, 심리학자. 정신분석의 유효성을 인식하고 연상실험의 창시자. 분석심리학의 기초를 세우고 성격을 '내향형'과 '외향형'으로 나눴다.

능은 사고, 감각, 직관이다. 감정은 자아와 주어진 환경 속에서 일어나는 과정으로, 지각과 관계없이 독립적 기분으로 나타날 수 있는 것이다.

내가 지금 무슨 짓을 한 것인가? 나는 아프다는 아이에게 아프지 않다는 것을 눈으로 확인시켜주기 위해 종합검진을 받게 하였고, 모든 것을 완벽하고 풍족하게 해주면, 내가 이만큼 걱정하고 생각하고 있으니 너는 아무런 문제가 없다고 확인시켜준 것이다. 나는 소이의 감정을 읽지 못하고 눈에 보이지 않는 아픔을 알아차리지 못했다. 이것이 공감하지 못한 부분이다.

소이의 정서적 감정을 공감해주지 못함으로써 건강하지 못한 부정적 정서를 만들어 내고, 항상 바쁜 엄마의 마음을 편안하게 해주기 위해 자신의 감정을 말하지 못하고 속으로 쌓아 오면서 완벽한 삶에 적응하기 위해 전전긍긍하며 촉박한 삶을 살았을 것이다. 그러한 삶은 소이에게 스트레스로 다가왔고 학교에서도 반복되는 촉박함이 계속되는 복통을 일으켰다.

하지만 나는 '그렇게 하지 않았다'라고 말하고 싶다. 왜? 나는 소이가 원하는 건 다 해주었고, 싫다고 하는 건 소이의 의견을 들어주었다. 네가 힘들면 힘들다고 말하면 되고, 하기 싫으면 하기 싫다고 말하면 되는 게 아닌가?

소이는 그렇지 못하는 성향이다. 감각형 인지와 감정형 판단 결정 성향을 가지고 있는 소이는 직설적인 엄마를 설득할 힘이 없을 뿐만 아니라 그렇게 하면 바쁜 엄마가 자신 때문에 힘들어할 수 있으므로 배려를 해준 것이다. 자신이 상처를 받더라도 타인이 상처를 받으면 안 되고, 타인의 감정에 의해 자신의 감정을 잘 표현하지 못했던 아이이다.

항상 부족함 없이 잘 지내고 있다고 생각했던 소이에게 매일 배가 아플 만큼 상처가 무엇일까? 종합병원에서 어디가 아픈지 검사를 받을 것이 아니라 마음에 상처가 무엇인지 알아봐야겠다.

이제부터는 나의 과제이다. 자신이 가지고 있는 비합리적인 신념의 변화를 통해 건강하지 못한 부정적 정서를 건강한 긍정적 정서로 바꾸는 것이다. 개인이 강점이라고 생각하고 있는 당연함을 타인에게는 불편함을 줄 수 있다는 것을 알아차리고 목적하는 방향을 향해 유연성을 잘 발휘할 수 있다면 성공적인 관계를 형성하는 삶을 살 수 있을 것이다. 사람들은 항상 자신에게 제일 나은 선택을 한다. 소이 선택 또한 최선일 것이고, 나 또한 최선을 다했다. 하지만 서로 다르기에 노력이 필요하다. 그런데 소이가 자신이 더 힘들어진다고 노력하지 말라고 한다. 어떡하지?

자신의 감정을 표현하지 않는 아이

결핍과 풍족의 양면성

심리 상담을 받기 시작했다. 주위에서 배가 자주 아프다고 하는 아이는 심리적 불안함이 있을 수 있으니 상담을 받아보라고 권유하였다. "어머니~ 소이가 학교에서 하는 심리검사 결과를 보면 불안하다고 하고 친구들과 함께 어울리지 않는 것 같아요. 2차 기관을 선택해서 한 번 더 검사를 받아보세요."
헉~ 무엇이 문제야? 엄마. 아빠 사랑 듬뿍 받고, 갖고 싶은 것, 먹고 싶은 것, 하고 싶은 것까지 말하지 않아도 미리미리 챙겨 주고 부족함 없이 자라고 있는 소이에게 무슨 문제가 있다는 건가?
"소이야, 학교에서 이런 결과가 나왔는데 상담 한번 받아볼래?"
"엄마도 내가 문제가 있다고 생각하는 거야? 내가 정신병자라는 거야? 엄마까지 왜 이래. 나 좀 그냥 놔두면 안 돼? 내가 뛰어내려 죽어버렸으면 좋겠어?"
헉~ 요즘 헉 소리 나는 말을 많이 듣는다. 나도 힘들다고. 여기저기서 나에게 왜 이러는 거야? 나보고 어쩌라고? 회사 일을 하면서 소이 학교에서 연락 오면 학교에 쫓아가고, 아이의 짜증은 끝도 없이 지구 밖으로 뛰쳐나갔다. 방문을 닫고, 입을 닫기 시작한다.
요즘 이런 삶이 너무 힘들다.
아니야, 나도 청소년기에 부모님께 반항하고 죽고 싶다고 생각하면서 자라지 않았는가? 다들 그렇게 자라왔고 그렇게 사는 것 아닌가? 아무 문제없을 거야. 시간이 지나면 해결해주겠지. 무심코 이 상황을 넘어간다. 다들 그렇게 사는 거지 뭐 무슨 문제 있겠어. 무심하게 이 현실에서 도피했다.

"오늘 학교에서 뭐 했어?"

쾅(문 닫는 소리)
"소이야 요즘은 배 안 아파?"
휙(돌아보지 않고 지나가는 소리)
"소이야, 엄마랑 쇼핑 갈까?"
쾅(문 닫는 소리)

소이가 변해갔다. 애교 많고 상냥하던 소이가 나를 투명인간 취급한다. 기분이 나쁘다. 엄마를 무시하나? 이런 행동은 안 좋은 행동이니 버릇을 고쳐줘야겠어.
"천소이 너 왜 그래? 엄마 무시하는 거야? 엄마가 이야기하고 있는데 문을 그렇게 닫고 들어가면 되겠어? 도대체 엄마한테 왜 그러는 거야? 엄마 말 안 들려?"
목소리가 높아진다. 이러한 생활이 몇 개월 지속된다. 다들 그렇게 사는 것 아니냐고 생각하고 지나갔던 시간이 점점 나빠지기 시작한다. 무엇이 잘못된 걸까? 어디서부터 잘못된 걸까? 문득 의사선생님께서 하신 말이 생각난다.
"소이가 아프다고 하면 아픈 겁니다. 소이 이야기에 공감해주세요."
내가 잊고 있었다. 병원에서 집에 올 때 흘렸던 눈물의 의미를, 그 눈물이 무엇을 의미하고 진정한 공감이 무엇인지 알아보기 위해 소이가 아닌 내가 심리 상담을 받고 공부를 시작했다.

아이 문제가 아닌 내 문제일까? 무엇이 서로를 이렇게 힘들게 하는 걸까?
다양한 심리검사를 통해 나를 분석한다. 나는 외향적이고 직관형 사고형이며 싫으면 싫다고 말하는 스타일이다. 소이가 잘못하면 잘못한 부분에 대해 정확하게 설명을 해주었고, 계획적인 삶을 살아야 하므로 소이의 일정을 모두 정리해주었다. 소이가 "엄마 나는 이거 하고 싶어"라고 말하면 말이 떨어지기 무섭게 모든 것을 해주었다.
아이에겐 결핍이 없었다. 결핍을 느끼기도 전에 너무나도 풍족할 정도로 나는 모든 것을 해주었다. 그것이 왜 나쁘냐고? 나도 처음엔 결핍 없이 풍족을 느끼게 해주는 것이 당연하고 이게 무슨 문제가 되겠어. 뭐 어때서 부모로서 당연한 것 아니냐고 자기 최면을 걸었다.

결핍과 풍족은 상반되지만, 동전의 양면처럼 앞뒤가 명확하게 존재하는 것은 아니다. 즉, 풍족하면 결핍을 못 느끼고, 반대로 결핍을 느끼는 상황에서 풍족이 존재하지 않는 것은 아니라는 것이다. 그래서 우리는 풍족함이 사라졌을 때 느끼는 감정은 결핍을 느끼는 상황의 두려움이 아니라, 풍족함 속에서 자신이 할 수 있는 것과 하지 못하는 것을 구분하지 못하고 자신에게 다가올 미래에 대한 생각과 결정하지 못하는 불안과 초조함이 다가오기 때문이다.
결핍 상황에서 스스로 선택하고 결정해야 하는 상황이 되었을 때 미래에 선택의 준비가 이루어지기 어렵기 때문에 악순환이 이어진다.
아이가 자신의 의견을 이야기하고 부모의 말에 말대꾸를 하는 것은 현 시점의 풍족함 속에서 미래 시점에 혹여 겪게 될 결핍 상황을 미연에 대비할 수 있는 여유를 마련해 두기 위한 청소년 아이들의 행동이다. 아이가 자신의 존재감을 찾고 부모에게서 독립하고자 하는 아주 작은 행동이다. (그래도 나에게는 반항으로 느껴졌다.)

소이는 자신 혼자 결정하고 판단해야 하는 청소년기가 되면서 발달심리학자 에릭 홈부르거 에릭슨(Erik Homburger Erikson)[4]의 심리 사

---

[4] 홈부르거 에릭슨: 덴마크계 독일인, 미국인 발달심리학자이자 정신분석학자이다. 인간의 사회성 발달이론으로 유명하고 '정체감 위기(Identity Crisis)라는 말을 만들어냈다.

회적 발달 이론 5단계인 자아 정체감 대 역할 혼미(Identity vs. Role Confusion) 단계를 경험하게 된다.

청소년기는 사회적 요구와 생물학적 성숙이 최고조에 이르는 시기이며, 이에 따른 역동의 결과로 이 시기의 발달 과제가 생긴다. 생물학적으로 볼 때 청소년기는 신체적, 성적인 성숙이 급격하게 일어나는 시기이며, 이러한 급격한 성적 성숙은 자아가 혼돈에 빠지게 된다.

청소년기의 문제는 단지 생물학적 문제에서만 유발되는 것이 아니라, 사회와 문화에서 요구하는 가치에 대한 갈등 역시 청소년기에 두드러지게 나타난다.

사회에서 청소년은 아동도 아니고 성인도 아닌 중간 단계로 인식되고 있으며, 이에 따라 상충되고 모호한 요구가 증가하는 시기이다. 초등학교까지 어린아이로만 바라보며 모든 것을 처리해주던 부모가 청소년기가 되면서 너도 이제 다 컸으니 이제부터 너 스스로 해결해보아라 말은 했지만, 말과 행동이 일치하지 않고 부모의 욕심에 꾸준히 잔소리를 풀어놓고 아이에게 부모라는 이름으로 부모 둥지에 가두는 것이다.

나만의 착각으로 자연스럽게 나오는 행동들을 보며 나는 아이가 변했고 나를 무시하는 행동을 한다고 착각하고 우울한 감정에 빠지게 된다.

이 시기에 아이들은 생물학적 변화와 사회 문화적 변화는 자기 자신에 대한 근본적인 질문과 궁금증을 갖게 되므로 다양한 가능성이 인정해주고 자신에 대한 가능성을 탐구하고, 이를 통해 어떻게 살아야 하는지에 대해 통찰할 수 있도록 지켜봐야 한다.

아이는 그냥 놔두면 스스로 잘한다. 이게 내가 내린 결론이다.

1년 뒤 돌아온 편지

"우리 강원도 여행 갈까? 이번 겨울 방학 때 스키장 어때. 소이는 가고 싶은 곳 없어? 여행 가기 싫어?"
"엄마~ 너무 변하려고 노력하지 마세요. (이건 또 어떤 바람이 불 것인가?) 엄마 가고 싶은 곳 예약하면 되지, 왜 저한테 물어요."
"엄마는 소이가 가고 싶어 하는 곳을 같이 가고 싶어서 그렇지. 여행은 즐겁게 가야 하니까. 왜 그러는 거야?"
"엄마가 변화하려고 하면 또 그 변화 속에서 저에게 원하는 게 생길 거예요. 그럼 저에게 또다시 이건 이렇게 했으면 좋겠어. 이건 어때. 그건 아닌 것 같은데 라고 말을 하겠죠. 저는 엄마가 새로운 걸 또 요구하고 말할까봐 두려워요."
'하… 아직도 서로의 생각에 대한 공감이 안 되고 있구나.'
"엄마는 너랑 여행 다닐 때가 많이 행복한데. 그때 기억나? 중학생 되기 전에는 매년 같이 여행 다녔잖아. 엄마는 소이랑 추억 쌓고 웃고 떠들면서 즐겁게 지냈던 초등학교 시절이 제일 행복했고 그때가 그립다. 그 시절 엄마는 소이랑 가장 잘 지냈고 행복했던 시간이었던 것 같은데. 소이는 어때?"
"엄마 나는 초등학교 시절이 제일 불행했어요. (이건 또 무슨 말인가?)"
"나는 여행을 다니든 뭘 하든 엄마에게 모두 맞춰줘야 했으니까요. 엄마한테 싫다고 하면 안 될 것 같고, 엄마는 완벽해야만 했으니 나는 엄마의 발걸음에 맞추기에 너무도 버겁고, 뜀박질해야 살아갈 수밖에 없어서 숨이 차고 가슴이 답답했어요. 지금도 가끔 엄마랑 같이 다니면 엄마는 하고 싶어 하는 것이 많아 계획이 빡빡해요. 나는 그냥 쉬고 싶은데 엄마랑 속도가 맞지 않아 버거울 때가 있어요."

어릴 적 좋은 추억을 만들기 위한 일 년에 몇 번씩 다녔던 여행과 경험들이 소이에게는 엄마에 대한 트라우마가 된 것 같다. 아무리 노력을 해도 엄마는 항상 그런 사람이고 자신이 아무리 노력을 해도 엄마의 완벽함을 따라가지 못한다는 생각에 자신은 항상 부족하고 엄마는 자신에게 너무 버거운 사람이라고 각인된 것이다.

트라우마는 과거 경험했던 위기, 공포와 비슷한 일이 발생했을 때 당시의 감정을 다시 느끼면서 심리적 불안을 겪는 증상을 말한다. 보통 트라우마는 상처라는 의미도 있지만, 심리학에서는 정신적 외상이라 말한다. 보통 트라우마는 한 사건, 특정 사물 등을 매개로 하여 마음의 공포를 불러일으키는 상황을 가리키는 편이지만 특정 시절 자체를 떠올리는 것만으로 마음속의 분노, 지우고 싶은 기피 본능을 유발하는 등 지속적인 심적 고통 또한 트라우마의 한 갈래가 될 수도 있다. 소이는 엄마의 완벽함 속에서 자신이 완벽하지 못한 것에 대한 두려움과 결핍을 경험하지 못한 생활 속에서 자신의 판단이나 결정을 믿지 못하는 것이다. 자신이 선택하지 않아도 알아서 엄마가 완벽한 선택을 해준다. 트라우마는 선명한 시각적 이미지를 동반하는 일이 극히 많으며 이러한 이미지가 장기 기억된다는 특징으로 그때 당시와 비슷한 상황이 되었을 때 불안해지거나 심한 감정적 동요를 겪는 것을 들 수 있다.

소이는 이번 여행에서 그때 느꼈던 경험을 또다시 하게 될까 봐 두려운 것이다. 나는 공감이라는 과제를 갖고 이번 여행만큼은 소이의 트라우마를 해결할 수 있는 다른 경험을 할 수 있도록 소이의 의견을 많이 받아들여 여행을 떠났다.

하지만 우리의 여행은 말 한마디 없는 조용한 1박 2일 여행이 되었다.

"어~ 여기 1년 뒤 보내주는 우체통이 있네. 우리 편지 쓸까? 소이가 너도 한 장 써봐. 엄마 부탁인데 써주면 안 될까? 지금 느끼고 있는 그 마음 그대로 쓰면 될 것 같은데. 우리 같이 써보자."
이것 또한 나의 잘못된 생각이었으며 나의 큰 실수였음을 나중에 깨닫게 된다. 미안하다. 아직 엄마가 많이 부족하다.

1년 뒤.
"소이야 편지 왔다. 그때 스키장 갔을 때 소이랑 엄마가 썼던 편지네. 엄마가 쓴 편지는 소이가 읽어보고 엄마는 소이가 편지 읽어볼까?"
"엄마~ 읽지 마세요. 안 읽었으면 좋겠어요."
"왜 그래. 왜 못 읽게 하는데. 읽어보자. 그래야 엄마도 소이가 그때 마음이 어땠는지 알 수 있고 이해할 수 있지."
"그럼 읽고 마음에 상처받거나 실망하지 마세요. 그땐 그런 마음이었구나! 그렇게 생각하고 끝내세요. 어떤 이야기도 하지 말고."

> 엄마 나 엄마가 계속 이러는 거 너무 싫어요. 편지도 쓰기 싫은데 계속 쓰라고 하고 쓰라고 하니까 쓰는데 저한테 강요하지 마세요. 진짜 짜증나고 화나요. 왜 항상 엄마는 하고 싶은 대로 하라고 하세요. 이런 거 시키지 마세요.

"미안해. 함께 하려고 한 행동이 너에겐 강요로 느껴지는구나. 여행할 때 이런 마음을 말해주지 그랬어?"
"엄마, 제가 그때 그런 이야기를 했으면 엄마도 기분이 나빠져서 여행이 즐겁지 않았을 거예요."
"우리 소이가 엄마 생각을 많이 하는구나. 엄마 때문에 힘들 때가 많았겠네. 고마워. 이렇게 자신의 마음을 이야기하고 감정을 표현해주니 참 좋다."

"엄마, 이번엔 여행 어디로 갈 거예요?"

"어디 가고 싶은 데 있어?"

"엄마가 계획 잘 세우니까 엄마가 자세히 알아보고 말해주면 제가 보고 이야기할게요."

진심이 통하는 걸까? 이번 여행은 괜찮겠지?

감정 표현이 자유로운 나의 캐릭터

인간관계의 입구에는 과제의 분리가 있고, 목적지에는 공동체 감각이 있다. 인생의 온갖 과제에 대해서 이것은 누구의 과제인가 하는 관점에서 자신의 과제와 타인의 과제를 분리해서 생각해야 한다.

당신은 타인의 기대를 충족시키기 위해 사는 것이 아니다.

타인 또한 당신의 기대를 충족시키기 위해 사는 것이 아니다.

나를 알고 너를 아는 것 인간의 본성을 알고 이해하는 것

자립이라는 목표의 입구는 바로 '존중'이다.

- 《미움받을 용기》 중에서 -

다시 시작하는 연인(戀人)

"엄마~ 성인이 된 저를 언제까지 새장에 갇힌 새처럼 키우실 거예요?"

그동안 코칭심리학을 공부하고 상담을 통해 내가 많이 달라졌다고 생각했는데 소이는 아직도 새장에 갇힌 새라고 말을 한다.

"소이야. 너는 엄마의 어떤 행동이 너를 새장에 가둬놓은 것 같아? 네가 기숙사에 살고 있으니 엄마가 터치하는 것도 없고, 이렇게 해라, 저렇게 해라, 하는 것도 없는 것 같은데."
"일단, 문자요. 엄마가 나를 걱정해서 아침 일찍부터 문자로 일어났냐? 잘 잤냐? 밥은 먹었냐? 물어보는 건 아는데, 꼭 저를 감시하는 것 같아요."
"감시? 엄마는 부모로서 자식 걱정하는 마음에 물어보는 건데 그게 감시라도 느껴지는구나. 음~"
"답장을 의무적으로 하는 느낌이 들 때가 있어요. 답장을 안 하면 엄마가 서운해할 것 같아 답장을 그때그때 하는데 바빠서 안 할 수도 있는 거잖아요."
"답장 안 해도 되지. 엄마가 답장하라고 말한 적 없는데."
"말한 적 없죠. 근데 문자가 항상 질문이잖아요. 항상 내가 뭐 하고 있는지 궁금해하는 질문이요."

그렇다. 나는 내 이야기를 하는 것이 아니라 오늘 뭐 했어? 이건 했어? 같은 아이에게 집중된 질문형 문자로 감시받는 느낌을 준 것이다. 문자도 읽는 사람의 성향에 따라 느낌이 달라지는구나.

"알겠어. 그럼 아침에 보내는 문자는 하지 않을게. 문자에 대한 변화를 가져 보자. 다른 거 또 있어?"

"어디 갔냐고 물어보는 거요. 방학 동안 집에서 외출하면 어디 갔냐? 몇 시에 올 거냐? 누구랑 있느냐? 물어보는 것도 불편해요."
"그건 너뿐만 아니라 집에 같이 사는 사람이 연락 없이 저녁 10시 넘도록 안 들어오는데 걱정되잖아. 만약, 엄마가 연락 없이 저녁 10시가 넘도록 집에 안 들어오면 소이는 엄마 걱정 안 되겠어? 네가 먼저 외출한다고 말을 하거나 문자를 주면 좋겠는데."
"그러네! 그건 제가 먼저 말해야 하는 게 맞는 것 같아요."
우리는 이렇게 서로 다른 생각에 대해 대화를 자주 한다. 하지만 가끔은 서운한 마음도 있다. 이 서운한 마음은 무엇일까? 진짜 나의 마음을 알아봐야 할 것 같다.
"선생님(나는 꾸준히 코칭심리 상담을 받고 있다), 오늘은 소이 이야기를 하고 싶어요. 제가 계속 '괜찮다. 이젠 서로 공감도 되고 대화도 잘되고 있다'라고 생각하고 있는데 아직 소이 말이 서운하거나 '그건 아니지 않나?'라는 반문이 생겨요."
"소이랑 무슨 일 있었어요?"
"제가 보낸 문자가 자신을 감시하는 것 같고, 새장 속에 갇힌 새 같다고 하네요. 그 말 듣는데 너무 서운했어요. 저는 소이를 챙겨주는 마음이었는데."
"문자 보낼 때 소이가 답장을 안 주면 어때요?"
"흠~ 걱정이 되죠. 아침 문자에 답장이 없으면 늦잠 자는 건 아닌가? 밥은 잘 먹고 학교에 가나? 이런저런 걱정이 돼요."
"걱정되고, 답장이 안 오면 어떻게 해요?"
"기다리죠. 오후쯤 연락 안 오면 전화할 때도 있어요."
"소이가 문자 때문에 힘들다고 했는데 이젠 어떻게 하고 싶어요?"
"문자 안 하려고요. 아침 문자는 아예 안 하고 낮에도 문자나 카톡은 특별한 일 없으면 제가 먼저 안 하고 소이가 연락할 때까지 기다려볼 게요."
"그렇게 할 수 있겠어요?"
"소이도 싫다고 하고, 저도 하지 않는 게 좋겠어요."

며칠 동안 문자를 하지 않았다. 소이 또한 연락이 없다.
이렇게 서로 연락 없이 2주 정도 지나고 소이에 대한 서운함은 내가 가지고 있는 생활 방식에서 벗어나는 불안함이었음을 알게 되었다. 소이가 스스로 잘할 수 있을 거라고 믿지 못하고, 한 번의 실수가 삶에 큰 피해를 줄 수도 있다는 나의 불안한 신념이 소이에 대한 걱정과 서운함으로 표현되었다.

소이의 생활 방식은 오전 수업이 없는 날엔 늦은 밤까지 숙제하고 아침 11시까지 잠을 잔다.
반면, 내가 가지고 있는 생활 방식은 아침형 인간이다. 늦은 밤까지 해야 할 숙제가 있다면 일찍 자고 아침에 일찍 일어나 하거나, 마감일보다 미리 마무리하여 늦은 밤까지 할 일을 만들지 않는다.
나는 괜찮다고 하면서 아직도 서로 다름을 인정하지 못하고 내 생활 방식이 맞다고 생각했다.
또한, 혼자 기숙사에 살다 보니 깨워줄 사람이 없으니 늦잠 자면 수업에 지각할 텐데, 아침 식사 시간이 정해져 있으니 밥을 못 먹을 텐데, 배고프니 군것질을 하면 건강에 안 좋을 텐데… 걱정은 끝이 없다.
나의 불안함은 늦잠이다. 늦잠을 자면 손해가 많다. 지각, 밥, 건강, 표현을 안 했을 뿐이다.
서로 다르다는 것을 알고 있지만 인정하지 못하고 타인이 가지고 있는 특성을 변화시키려고 한다.

걱정이라는 포장과 사랑이라는 달콤함으로 거짓된 행동과 말을 하고 있었다.

이러한 거짓된 나의 말투와 문자 내용은 그대로 표현되었고 소이는 그것을 '감시'라고 말했다.

나는 이런 감정을 '서운함'이라 말하고, 아무리 감추려 해도 상대방은 모든 것이 거짓된 행동임을 그대로 느낀다.

나는 소이의 행동을 공감하거나 인정하지 못했다. 나와 다른 내향적 감정형 아이와의 대화나 행동을 코칭을 통해 성장했다고 생각했지만 아직 많이 부족하다.

지금이라도 알아차림이 어디인가?

다시 한번 정리해보면 아이의 감정이나 행동을 있는 그대로 인정해야 한다.

아이는 자기감정을 부모가 알아주는 것만으로도 심리적 안정을 찾으며 대화의 문을 쉽게 연다. 감정적 순간을 잘 체크하여 정서적 교감을 해야 한다. 자기감정을 부정하게 되면 내면에 스트레스가 쌓여 나중에 더 격한 감정으로 폭발할 수 있음으로, 자기감정을 인정하고 스스로 알아차려야 한다.

우리는 자기감정을 이야기하면서 자신을 되돌아보게 되며, 서로 기분을 나누면서 서로 더 친밀해질 수 있다. 이때 부모는 아이 감정 상태에 대해 '왜?'라고 묻지 말아야 한다. 우리는 자기감정을 한마디로 표현하기 힘들기 때문에 질문이 들어가면 오히려 겁을 먹어 자기감정을 제대로 보지 못하고 표현하지 못할 수도 있다. 자신의 기분에 여러 감정이 뒤섞일 때 자신의 감정을 정리할 수 있는 시간을 갖고 함께 해결방안을 찾아야 한다.

어떠한 부분이 화가 나고 자신을 속상하게 하는지, 그런 감정이 생길 때 어떻게 하는 것이 좋을지, 이야기해보면 서로가 마음을 정리하고 해결할 방법을 찾을 수 있다.

부모는 나와 다른 또 하나의 사람을 성장시켜주는 사람이다. 나도 부모가 처음 되어보고 경험하는 것이지만 아이도 나의 자녀로 처음 살아보고 경험하는 것이다.

공감과 알아차림을 통해 아이 마음을 이해하고, 아이가 새롭고 강렬한 감정에 대처할 수 있게 도와주며, 나의 감정이 아이에게 이입되지 않도록 많은 연습을 해야 한다.

문제행동이 벌어질 때마다 매번 감정코칭을 해야 하는 어려움이 따른다. 사실 이 작업은 시간과 연습이 필요하다. 감정이 격해 있거나, 너무 바빠서 대화할 시간이 부족해 촉박함을 느끼고 마음이 급해진다면 아이와의 대화를 조금 미루는 것이 좋다.

대화할 때는 자녀 부모와의 관계를 상하 관계로 생각해서는 안 되며, 지시와 통제로 문제를 조절하려 해서도 안 된다. 서로 마음에 여유가 생길 때 얼굴을 바라보며 대화를 해야 한다.

사랑엔 노력보다 공감과 기다림이 필요하다. 자녀와의 다름을 인정하지 못하고, 나와 다른 행동을 했을 때 그 행동을 변화시키려고 하고, 자신이 이루지 못한 꿈을 나 대신 아이가 이루어주길 바라는 생각들이 부모가 가장 많이 하는 착각과 실수이다.

서로 다름을 인정하고 그 아이가 가지고 있는 특성과 강점을 인정하면 그 아이만의 가치를 인정받고 강한 아이로 자라게 된다. 아이와 나는 사랑하고 미워하고 그리워하며 냉정과 열정 사이를 왔다 갔다 하면서 절대 헤어질 수 없는 다시 시작하는 연인(戀人)이 되었다.

여행 속 추억 사진

꽃을 피워가는 납매가 모과에게

세상에는 작고 작은 일들이 일어난다.
길을 가던 도중 모과는 납매를 만났다.
조금의 시간이 지난 후 모과는 납매의 손을 놓고 납매를 앞질러 간다.
모과는 종종 뒤를 돌아보았지만, 납매의 속은 점점 푸석한 검은색으로 변해갔다.
그렇게 15년의 세월이 흘렀다. 꽃을 피운 모과는 외롭게 앉아 있는 납매에게 다가간다.
"혼자 가서 미안해. 이젠 괜찮아."
모과의 말에 납매의 검은색은 푸르게 변해갔다.
"지나간 일이잖아. 이젠 괜찮아."

5 모과(엄마): 2월에 태어난 엄마의 생일 탄생화
6 납매(아이): 12월에 피는 매화. 12월에 태어난 아이의 생일 탄생화

꽃이 핀 모과와 납매는 처음으로 서로의 얼굴을 바라보았다.

다른 이가 변하길 바라면 자신이 먼저 변해야 한다.
'새로운 열매의 씨앗이 싹을 틔우려면 자신은 튼튼한 나무이다'라는 믿음이 생기도록 자신의 껍질을 벗어야 한다.

7년 후, 응축되어 묻혀 있던 납매의 씨앗은 모과의 꽃을 올라타고 봉오리를 만들었다.
납매에겐 모과와 꽃이 핀 모과의 기억이 있다.
금빛 길로 이어진 길을 납매는 과거라는 보따리를 들고 걸어간다.
추억 속에 좋고 싫음이 들어 있지만, 무엇이 들어 있든 납매는 소중히 간직할 것이다.
많은 선택의 기로 속에서 현재까지 걸어온 모과에게 납매는 고마움을 표한다.

다양한 것을 시도하는 모습을 보면 가끔은 나도 못 해본 건데 하며 부럽기도 하고, 한편으로는 멋지기도 해요.
길다면 길고 짧다면 짧은 삶의 몇분의 1이라는 시간을 함께 걸어오면서 의도치 않게 엄마를 생각하면 다양한 생각을 하게 되는 것 같아요. 그중에 좋은 것도, 슬픈 것도 있었어요.
몇 년의 시간이 더 지난 뒤 지금 생각했던 것보다 훨씬 좋은 관계로 마주 보고 있다는 게 기쁘고 고마워요.
어떤 사람이 나에게 어떤 존재인가를 생각해본다면, 홀로 길을 걸어가다 만난 나그네이자 은인이면서도, 뿔이 달린 탈을 쓴 도깨비일지도 모르겠습니다.
과거에도 멋진 사람이었지만, 지금의 멋짐이 훨씬 빛나고 앞으로도 나에게 멋진 사람입니다.

성기영

엄마, 나 똥 눠도 돼?

나 스스로에게 건네는 격려와 위로의 말을 적기 시작하다.

버스 창문 너머 스치듯이 지나가는 간판, 빌딩 외벽에 걸린 현수막, 때론 책을 보다가, TV나 드라마 속 대사들, 유명 방송인의 솔직한 인터뷰 한마디, 동료들의 지지와 위로 등 하루 동안 수많은 것을 보고 들으며 살아간다.

생각해보면 위로와 격려를 타인에게서 받으려고만 했지, 정작 나 자신에게는 따뜻한 눈빛으로, 부드러운 손길로 터치하지 못했었다. 그러면서 하나씩 써 내려간 메모들….

때론 눈물 짓게 하고, 때론 나의 마음을 위로하고 채찍질도 하면서 마음 가득 채웠던 글들을 적어본다. 참된 나(self)를 만나고 자기수용과 타인수용, 더 나아가 궁극적으로는 타인에게 공헌하는 삶을 살면서 나 자신의 가치와 존재의 의미를 느끼며 행복하게 살아가리라 결심을 한다. 인생은 결코 뒤로 가지 않는다. 지금, 여기에 진심으로 사는 삶, 이 책은 그 출발점이 될 것이다.

> "신이여, 바라옵건대 제게 바꾸지 못하는 일을 받아들이는 차분함과 바꿀 수 있는 일을 바꾸는 용기와 그 차이를 늘 구분하는 지혜를 주시옵소서."
>
> — 커트 보니것, 《제5도살장》 —

하나. 소중한 내 편

"엄마, 나 똥 눠도 돼?"

큰 아이가 5살 때쯤 나에게 한 말이다.
새로운 동네로 이사 온 지 얼마 되지 않았을 때였다. 사귄 지 얼마 안 된 동네 지인과 자녀를 집으로 초대해서 놀고 있을 때였다. 순간 이 말을 듣고 멍했다.
'이게 도대체 무슨 소리지? 왜 이런 걸 묻지?'
'아! 뭔가 크게 잘못됐구나.'
망치로 세게 한 대 맞은 거 같았다. 그게 바로 공부를 시작해야겠다고 마음먹은 계기가 되었다. 똥 누는 것조차 엄마한테 허락받아야 하는 줄 아는 아이, 그러면 이 글을 읽는 여러분들은 내가 어떻게 아이를 키웠을지 대충 짐작을 하고도 남을 것이다.

부끄러운 자기 고백이지만, 육아를 책으로 배웠다. 온갖 좋다는 음식과 장난감, 책, 그리고 모유가 좋다고 해서 두 돌까지 주구장창 물려댔다. 아이는 젖이 부족해서 푹 잠들지도 못하고 울어대는데, 나는 무조건 분유보다 모유라면서 충분히 먹이지도 못하는 모유에 집착하고, 잠이 부족해 스트레스를 받는 상황에서도 스스로 잘하고 있다고, 대단한 엄마라고 착각하며 살았다. 나의 영혼을 야금야금 갉아먹고 있는 줄도 모르고, 나는 부서져라 좀 더 완벽히 잘해야 한다며 스스로를 채찍질하며 살았다. 때론 지쳐서 하기 싫은 때도 있었고, 그럴 때는 미안한 마음이 들었다. 완벽한 엄마 모습, 그걸 당연한 것으로 아는 남편과 소심한 아이 때문에 억울하다는 생각을 안고 살았다. 아이는 안 보이고 나만 보이는, 자기밖에 모르는 엄마였다.

색칠을 할 때 밖으로 삐져나오면 "그것밖에 못 그리냐"고 윽박지르고, 숫자를 왜 자꾸 틀리게 세는지 비난하고, 과자 부스러기 흘린다고 접시를 받치고 먹으라고 혼내고, 심지어는 목욕탕 가서 먹으라고 하고… 아이가 알러지 비염이 심해서 먼지 하나 없게 하려고, 하루에 몇 번이나 쓸고 닦고, 옷과 수건을 삶고 했는지 모른다. 지금 생각하면 너무나 아이에게 미안하고 씻을 수 없는 상처를 줬다.

상담이론을 보면 애착관계의 중요함을 누차 강조하고 있다. 맞다, 나는 최악의 엄마였고 차가운 엄마였다. 하지만 아이를 위해서라는 말도 안 되는 명목으로, 그게 맞다고 믿었고 그 당시 내가 할 수 있는 최선의 방법이었다.

평생의 동료를 만나다

회사생활을 하다 그만두고 독박육아를 하면서 이대로 멈춰 있는 내 자신이 초라해 보였다.

뭔가를 해야겠다는 생각에 무작정 방송통신대에 편입을 했다. 밤새 공부하고 책을 읽고 하면서 공부하는 것이 너무 신나고 힘든 줄을 몰랐다. 그런데 이런 공부가 나 자신만을 위한 공부였나 보다. 아이는 옆에서 바싹 마른 잎처럼 병들고 있는데 나만 몰랐던 것이다. 그래서 부모교육을 공부하기 시작했고, 평생의 동료들을 만났다.

머리만 비대해지는 공부가 아니라, 삶을 변화시키고 싶었다. 시작은 자녀를 잘 키우기 위해서였지만, 결국은 나를 변화시키기 위한 거였다. 거기서 나의 민낯을 직면하고 수치심에, 미안함에, 감사함에 수없이 울었다.

내가 뭐라고 남을 변화시키겠는가? 변화시킬 수 있는 것은 오직 나뿐임을 공부를 하면서 처절하게 느꼈다. 밖으로, 자녀에게, 남편에게, 휘둘렀던 칼날들을 나에게로 들었다. 나의 아집을 베어내고, 또 베어내고, 내가 허락하는 상처를 만들어갔다. 상처는 아물기 마련이라고 누군가 말했지만, 상처는 아프다. 많이 아프다. 그리고 상처는 희미하게라도 지워지지 않고 흔적으로 남는다. 그러나 이제는 안다. 잘 익은 상처에선 꽃향기가 난다. 지나간 유행가 가사처럼 '그 아픔까지 사랑한다'고, 그 또한 '나'임을 수용하고 쓰다듬는 것이 진정한 자기수용이다. 이렇게 힘든 시기에 나의 민낯을 드러내도 그냥 있는 그대로의 나, 존재로서의 나를 봐주는 사람들을 만났다는 것이 얼마나 감사한 일인가?

10년을 넘게 만나오면서, 언제든지 가서 투정 부리고, 어린 시절의 나로 퇴행해도 평가나 비난하지 않고 '그래, 그래' 하면서 지지하고 위로해주는 사람들이 있다는 것, 마음속 깊은 곳에서 그들을 생각할 때마다 샘물이 송송 솟듯이 존중이 저절로 일어나는 귀한 인연이다.

내가 존중받고 있다는 느낌을 처음으로 인식한 때는 베란다 가득 봄꽃이 곱게 핀 날에 동료들이 차려준 밥상을 보았을 때였다. 이 밥을 먹을 사람들 한 명 한 명을 생각하면서 정성스럽게 차린 밥상을 보는 순간, 내가 너무나 귀한 사람이 된 것 같아, 순간 울컥함에 눈물이 한 가득 고였다. 민망함에 눈물을 감추고자 했는데. 이 또한 아무 말 없이 자연스레 바라봐 주는 동료들이다.

이전의 나는 존중받지 못하고, 평범한 것은 가치 없다고 느끼던 삶을 살았다. 그럼에도 불구하고 이런 내 모습까지도 기꺼이 존중해주는 이들을 만났음이, 이보다 더 큰 선물이 어디 있겠는가?

아니다. 동료들도 있지만, 세상은 나에게 많은 선물을 주었다. 다만 내가 그게 선물인 줄 모르고 살았을 뿐… 그리고 보니 내 주변에는 선물들이 많이 있다. 공헌하는 삶을 살 수 있도록 하는 일이 있고, 서로 지지하고 신뢰하는 동료들이 있으며, 부모가 무엇인지 부부가 무엇인지 고민하고 성장할 수 있도록 하는 가족이 있으니 말이다.

또한 삶의 짐을 혼자 짊어지지 않고 때론 나누어 질 수 있다는 것을 믿게 해준 사람들이 곁에 있으니 이만하면 세상은 참 살 만하다.

여러분은 어떤가요?

둘. 아무 말 못 하는 내 속의 작은 아이

2019년 겨울, 찬바람이 코끝에 상쾌함을 선사할 때쯤, 대학원 동기들과 함께 부산으로 집단 상담을 떠났다. '이번만은 마음을 비우고 그냥 그 시간과 공간에 나를 맡기리라. 아무것도 생각하지 않고 그 순간 이끌리는 대로 춤을 추리라.' 다짐을 했다.

그 이전에도 집단 상담을 몇 번 경험했지만, 그 속에서 여전히 주춤하는 나를 보았다. 어색한 순간에 어떻게 해야 할지 몰라 하는 나를 보는 것이 불편했고 그것이 들킬까봐 불안했다. 여전히 타인의 시선에 나를 옭아매고 있었다. 그 줄을 끊어야 온전한 나를 만날 수 있을 텐데, 내가 왜 이러는지 원인을 모르니 답답했다. 손잡이가 어디 있는지 모르겠다. 그 손잡이를 잡아야 문을 열고 나갈 수 있을 텐데 갇힌 느낌이다. 이번에는 이 답답함을 풀 수 있을까? 억누르고 있는 비대한 초자아를 내려놓을 수 있을까? 깊은 내면에서 올라오는 목소리를 알아차리고 귀 기울일 수 있을까?

내가 남편과의 관계에서 왜 힘들어하고, 남편이 헤어지자고 하는 말에 그토록 절망하면서도 아프다고 한마디도 표현 못 하고, 타인의 인정에 그렇게 목말라하고, 채워도 채워도 채워지지 않는 허전함과 공허함은 어디에서 오는 것인지 정말 알고 싶었다. 그 간절함이 통해서였을까? 이번 집단 상담에서는 버림받을까봐 아무 말도 못하고 지켜보고 있는 어린 날의 나를 만날 수 있었다.

아무 말도 못하고 지켜보는 아이

6세쯤이었던 것 같다. 동네 친구들과 실컷 놀다가 집에 돌아왔는데, 할머니가 와 계셨다. 평소 할머니는 우리와 같이 살지 않고 큰아버지랑 서울에서 사셨는데 간혹 대구로 내려오셔서 고모 댁에 한두 달, 우리 집에 한두 달 머물다가 가시곤 하셨다.

할머니는 남아선호사상이 있으셨고, 남자 밥상, 여자 밥상을 따로 차려야 했다. 할머니가 오셨을 때는 엄마와 나는 작은 밥상에 쪼그려 앉아 밥을 먹곤 했다(심지어 부엌에서 따로).

고기반찬과 생선의 커다란 토막은 남자 밥상, 우리 밥상에는 생선 꼬리와 차리다 남은 찌꺼기 반찬뿐이었다. 어린 마음에 맛있는 반찬이 먹고 싶어 아빠와 오빠가 있는 밥상으로 가면 할머니가 버릇없다고 불호령을 내리셨다. 그래서 할머니가 미웠다. 세뱃돈도 오빠만 주고 나는 안 주거나 아니면 기껏해야 동전 몇 푼 주고는 생색을 내곤 하셨다. 그래서 어린 마음에 할머니가 오시는 것이 싫었고, 부당하다고 느꼈던 거 같다. 고생하는 엄마가 불쌍하기도 하고 아무 말도 못하는 엄마가 마음에 들지 않았다. 또 할머니만 있으면 평소와는 다르게, 엄마에게 명령하고 큰소리치는 사람으로 변하는 아빠도 이상하게 느껴졌다.

그날도 그랬다. 친구들과 오후 늦게까지 놀다가 들어온 날, 손을 씻고 마루에서 놀고 있는데 어디선가 엄마와 아빠가 크게 싸우는 소리가 들렸다.

어스름한 저녁 무렵, 마당에 아버지의 바짓가랑이를 붙잡고 울면서 앉아 있는 엄마와, 이제 엄마랑 살지 않고 할머니와 살겠다고 소리치는 아빠의 붉은 얼굴, 그리고 열린 대문 옆에 말없이 서서 그것을 바라보고 있는 할머니. 그리고 그 장면을 두려움에 휩싸여 아무 말도 못하고 마루에서 얼음처럼 서서 지켜보는 어린 내가 있다.

그 장면을 떠올리면서 작업에 들어갔다. 그때 그 시절의 나를 만나고, 그 아이의 기분이 어떤지, 무슨 말을 하고 싶은지, 하나하나씩 풀어나갔다. 가슴이 쿵쾅쿵쾅 크게 들썩인다. 진정하려고 해도 의지대로 되지 않는다. 말이, 생각들이 내 몸속에서 어지럽게 휘몰아친다. 터질까 봐 무섭다. 가둬두고 싶은데 가둬지지가 않는다. 그러다가 내 의지와는 상관없이 갑자기 불쑥 내뱉어진다.

"아빠!! 엄마와 저를 버리지 마세요! 저 여기 있잖아요. 저는 안 보이세요?"

"제발 버리지 마세요. 할머니는 고모한테나 가버리라고 해요, 가지 마세요!"

"아빠! 갔다가 다시 오실 거죠? 오셔야 해요!"

어린아이가 목 놓아 절규하듯 소리를 질렀다. 그동안 하지 못한 말들이 한 번 터지자 주워 담을 수 없이 쏟아져나왔다. 집단리더와 동료들이 이끄는 대로 그 흐름에 나를 온전히 맡겼다.

그때 그 아이가 할 수 있는 게 뭐가 있었겠는가?
버림받을까봐 그토록 무서웠니? 그래서 버림받지 않기 위해 유능함을 보여주려 완벽하게 일을 하려 노력하며, 싫은 소리 한마디 못 하고 착한 아이로 살았던 거니? 싫어, 못한다 하면 더 이상 나를 보지 않을까봐, 버릴까봐 너를 지키기 위해서 그랬었구나. 그래서 지금까지도 그렇게 살고 있었구나.

토해놓고 나니 상쾌한 바람이 나의 머리에서부터 온몸을 지나가는 느낌이다. 복잡하고 깨질 듯한 머리가 너무나 깨끗해지고 맑아졌다. 답답한 가슴이 환해지는 이런 경험은 처음이었다. 후련하다. 다시 시작할 수 있는 에너지가 채워짐을 느낀다.

'아, 집단 상담이 이런 거구나'를 온몸으로 체험한 순간이었다.

고백하건대 남편과 나는 치열히 싸우는 중이다. 포기했다가 다시 싸우고, 애정과 애증이 여전히 진행 중이다. 어느 날 남편이 도저히 나를 이해하지 못하겠다고 했을 때, 나를 이해해주길 바라는 간절한 마음으로 어렵게 이 이야기를 꺼냈다. 그런데 다 듣고 나서 남편이 이렇게 말한다. "왜 그게 버린다고 생각하지? 버리는 게 아니라 또 다른 하나를 선택하는 거잖아"라고 말이다. 동시에 교수님께서 언젠가 나에게 하신 말씀이 갑자기 떠올랐다. 나는 남편을 못 버려도, 남편은 나를 버릴 수 있을 거라고. 그때는 그 말이 이해가 되지 않았다. 나도 버릴 수 있다고 믿었다.

순간 멍해졌다. 두 번째로 맞는 망치다. 맞네. 나는 왜 헤어지자는 말을 내가 버림받는 것으로 여겼던 것일까, 그건 또 다른 것을 선택하는 하나의 방법일 수도 있는데 말이다.

이어서 남편이 또 말한다. "그렇다고 너를 다 이해한 건 아니야. 나는 여전히 너가 이해가 안 되지만, 그럴 수도 있을 거란 생각은 든다." 우리 부부는 관계 회복을 위해 아직 갈 길이 멀지만 이 또한 인생의 과제임을 안다. 오래 살아서 편안함에 익숙해져서 말하지 않아도 당연히 알고 있을 거라는 착각은 소통을 가로막는다.

언어로 표현하라. 그리고 진정한 눈 맞춤으로 대화를 하라. 상대방의 눈에 당신이 보인다.

아침마다 거울을 보라, 그리고 나에게 말을 건네 보라. "안녕, 요즘 어때?"라고….

얼룩을 닦아내다

마음을 둘러싼 유리가 있다. 그 유리가 얼룩져 있기도 하고 다른 색깔로 덧칠해져 있어서 본래 나를 알지 못한다. 그런데 어느 날 우연히 얼룩이 눈에 띈다. 손가락을 갖다 대고 문질렀더니 다른 게 조금 보인다. 이게 뭐지? 어느 것이 진짜지? 바로 이 얼룩을 닦아내는 것이 진정한 자기를 만나는 과정이라고 할 수 있다. 어린 나를 만났다. 그 아이를 보듬은 순간, 이제 나는 어제와는 다른 나이다.
여러분의 마음의 얼룩을 닦아내면 무엇이 보일까요?

셋. 일상 속에서

9월의 어느 눈부신 푸르른 날, '미움받을 용기'를 읽을 용기를 내다

무릇 책에도 때가 있나 보다.
5, 6년 전에 사서 앞에 몇 장을 읽다가 책장에 처박아두고 보지 않았던 책이 어느 날 눈에 들어왔다. 흔히 베스트셀러라고 하는 책 《미움받을 용기》이다. 책 제목부터가 마음에 들지 않았다. 왜? 난 미움받기 싫으니까! 왠지 이 책을 읽으면 용기를 내야 할 거 같으니까, 그게 싫어 회피했다. 그렇다. 이전의 나는 미움받는 것이 두려웠다. 미움받지 않기 위해 전전긍긍하면서 살았다. 그러나 조금씩 공부한 것들을 곱씹으면서, 있는 그대로의 나를 받아들이기 시작하면서, 나도 모르게 용기가 생겼다. 바로 읽어나가기 시작했다.
마침 집의 TV가 고장 나는 바람에 좋아하던 드라마도 못 보고 할 일

없이 뒹굴거릴 바에 이번에는 다 읽어야겠다 싶었다. 책을 다 읽고 마지막 장을 덮을 때의 뿌듯함과 충만함을 아는 사람은 알리라.

용기에 대해서 (I)

큰아이가 초등학교 1학년 입학을 한 지 얼마 지나지 않았을 때였다. 학교에서 친구들과 책 돌려 읽기를 하니 집에서 읽던 책 한 권을 가져오라고 했다. 어떤 책이 좋을까 고르던 중 미국의 작가 버나드 와버가 지은 《용기(Courage)》라는 책이 나를 끌어당겼다. 낯선 학교생활에 불안해하는 아들과 친구들에게 조금이나마 용기를 주고 싶었다. 주저하고 의기소침해 있을 때, 사실 용기라는 것이 대단한 것이 아님을 일상에서 소소히 꺼내 쓸 수 있음을 알려주고 싶었다. 그리고 이 책을 읽을 아들의 친구들에게도 용기 있는 사람으로 성장하길 바라는 마음을 담아, 책 앞장에 정성껏 써 내려갔다.

> 형윤이에게,
>
> 우리 형윤이가 훌쩍 자라서 벌써 1학년이 되었구나.
>
> 엄마 없으면 잠도 못 자던 아이가 친구들하고 1박 2일 캠프도 갔다 올 만큼 용기 있는 아이로 잘 자란 모습을 보니 엄마 마음이 참 뿌듯하다.
>
> 이 책 엄마랑 같이 읽었던 건데 기억나니?
>
> 엄마가 읽어도 참 용기를 북돋아 주고 힘이 불끈불끈 나게 하는 책인 거 같아.
>
> 엄마는 형윤이가 용기 있는 사람으로 자랐으면 한단다.
>
> 어른들 중에도 용기가 없는 사람들이 많아.
>
> 용기야말로 인생을 아주 풍요롭고 따뜻하고 행복하게 하는 원천이란다.
>
> 사랑도 용기가 있어야 되고, 여행도 용기가 필요하지.

실패해도 실망하지 않고 다시 일어서는 용기, 친구들의 따돌림에도
"야, 너희들 그건 옳지 않아. 내 마음이 아프고 슬퍼. 하지 말아줬으면 좋겠어"
라고 당당히 말할 수 있겠지.
가만히 생각해보면 용기 있는 사람들 중에는 나쁜 사람은 없는 거 같아.
형윤이도, 친구들도 모두 용기가 있단다.
너희들 가슴속 깊은 곳에는 항상 용기가 있어.
그것을 발견하는 사람과 발견하지 못하는 사람이 있을 뿐이란다.
가슴속 용기에 귀 기울여 보렴.
그럼, 그 용기가 너에게 하는 소리를 들을 수 있단다.
엄마도 항상 형윤이 곁에서 널 지지하고 용기를 북돋을 수 있게 도와줄게.
너 곁에는 항상 엄마가 있단다.
힘이 들 땐 힘들다고 엄마에게 말해주렴.
그리고 이 책을 읽는 친구들 모두에게도 진정한 용기가 무엇인지 생각해보는
경험을 누리길 바라.

용기에 대해서 (II)

똥 눠도 돼? 라고 묻던 아이가 어느덧 고등학교 1학년이 되었다. 목표하던 고등학교로 진학을 하였고, 코로나로 인해 중3의 옷을 제때 벗지도 못한 채 1학년이 되고, 첫 시험을 치렀다. 자신감으로 뭉쳤던 아이가 시험 결과에 낙담을 하였다. 자기도 이런 결과를 예상하지 못했었나보다. 기말고사는 더 열심히 준비하는 듯하였으나 결과는 더 나빠졌다.
이제 여기서 버틸 것인가, 전학을 갈 것인가, 많은 고민과 좌절로 아이는 조금씩 변해갔다. 공부에 대한 의욕을 잃고 방황하고 흔들렸다.

얼마 전 낙담으로 힘들어하는 아들에게 쓴 편지 내용 중 일부이다.

> 공부를 하는 것, 그래서 성적을 올리는 것은 누구의 과제일까?
> 엄마의 과제가 아니라, 너의 과제이다.
> 그리고 그 과제를 할지, 안 할지, 덜할지는 네가 선택하는 것이지.
> 만약 네가 '공부를 하지 않는다'라는 선택을 했을 때 그 결정이 가져오는 결과를 생각해보렴. 수업을 따라가지 못하거나, 가고 싶은 학교에 불합격하거나 등이 될 수 있을지도 모른다. 그 결과를 최종적으로 받아들여야 하는 사람은 엄마가 아니라 너 자신이다.
> 어른이 된다는 것은 자기 삶에 책임을 지는 것이다.
> 청소년 시기에는 학교, 가정에서 책임지는 것을 배우고 연습하는 곳이기도 하지.
> 엄마가 너에게 변해야 한다고 말은 하지만, 자신을 바꿀 수 있는 사람은 결국 자신밖에 없다. 그리고 중요한 것은, 과제는 피할 수 있는 것이 아니다. 직면해서 해결해야 하는 것이지.
> 과제를 피하게 되면 그 당시에는 잠시 편안할 수 있겠지만, 결국에는 그것이 평생 너의 발목을 잡고 앞으로 나아가지 못하게 만들 수도 있다.
> 네가 진짜 멋진 사람이 되고 멋진 삶을 살고 싶다면 당면한 문제를 현명하게 해결하고자 고민하고 그 고민을 실행하는 것일 것이다.
> '말을 물가에 데려갈 수는 있지만 물을 마시게 할 수는 없다'라는 속담이 있듯이 결국 공부는 네가 하는 것이다. 엄마가 대신 해줄 수가 없다.
> 다만 네가 공부하고 싶을 때는 엄마, 아빠는 언제든 도울 준비가 되어 있다는 것을 기억하길 바란다.

그러나 이 편지는 아들에게 전해지지 않았다. 이 글을 읽을 아들의 입장에서 다시 한번 읽어 보았다. 메두사의 매서운 눈으로 자기를 보는 엄마의 모습이 보였다. 휴~ 전달하지 않은 것이 얼마나 다행인지… 이 편지를 쓴 나의 의도와 은근한 협박이 글 곳곳에서 보였다. 정작 내가 아이의 과제와 나의 과제를 분리시키지 못하고 있었다. 아들을 위로한다는 명목으로 또 다시 통제하고 내 삶의 철학을 강요하는 나를 발견했다.
부끄러웠다. 내가 경계를 넘어설 때마다 이 부끄러운 편지를 꼭 기억하자고 자기반성문으로 간직한다. 분리개별화는 아이가 할 수 없다. 부모가 해야 한다. 이것이 지금 나의 과제이다.

또한 구구절절 필요 없다. 내가 꼭 하고 싶은 말이 무엇일까? 말하고자 하는 궁극적인 목적이 무엇인가? 질문을 하니 답이 나온다. 그래, 내가 원하는 것은 관계회복, 믿음 갖기, 존중하기이다. 그럼, 나머지는 버리면 된다.
깊이 숨을 들이마시고, 마음을 진정시킨다. 그리고 나지막이 아들 이름을 불렀다. 진심을 담아 시선을 맞추었다. 두 눈이 마주친다.
"형윤아, 네가 진정 도움이 필요하면 말해, 엄마 아빠는 언제든 도울 준비가 되어 있다는 것을 꼭 기억해줬으면 해" 이 말만 해주었다. 아이의 눈빛이 달라진다. 말하지 않아도 다시 회복하고자 하는 모두의 염원이 느껴지고 연결됨을 경험한다.

나의 삶의 철학과 너의 삶의 철학은 다르다.
내가 살면서 경험한 것들이 나의 진리로 느껴져서 너에게 강요하였지만 너는 나와 다른 시대에 태어났고, 다른 환경에서 살아가고 있으니 나의 경험과는 사뭇 다른 것이다. 너에게 나의 삶의 철학을 강요할 수 없는 이유이다. 그러니 부모가 할 수 있는 것은 이것이 최선일 것이다. 믿고 지지해주고 용기를 갖게 해주는 것.

60억의 인구가 있다면 삶의 철학도 60억 개가 있으며, 그 60억 개 모두가 진리일 것이다.
그러니 아들아,
너의 진리를 찾고 너답게, 행복하게 살기를 바란다.
그러다 추락할 거 같은 두려움이 너를 잠식할 때 기억하렴.
롤러코스터에 안전바가 있듯이, 어느 전쟁터라도 방공호가 있듯이, 삶의 곳곳에는 안전지대가 있다는 것을.
엄마는 너의 안전지대가 될 것이다.

용기에 대해서 (III)

멘토이신 교수님께서 꼭 해보라고 하신 말씀, 자녀와의 관계 맺기 3종 세트. 눈 맞춤, 터치, 소리. 해본 사람들은 그 효과를 인정한다는 마법의 처방전이란다. 바로 듣고 실천하는 사람들도 있건만, 왜 나는 선뜻 다가서지 못하고 주저하나?
표현하지 못하고 억압한 것들이 살아온 세월만큼 켜켜이 쌓여 나를 짓누른다. 꼭 이렇게 해야 하나? 진짜로 변화가 있을까? 매일매일 꾸준히 해야 한다는데, 나는 터치가 부담스러운데…. 온갖 핑계거리가 떠오르며 회피하고 싶어졌다.
무의식 깊은 곳에 숨겨둔 수치심과 관련된, 그 원인을 조금이나마 알기에 외면하고 싶었다.

새로운 지식을 받아들이는 것은 기꺼이 하면서, 새로운 행동을 하는 것에는 멈칫하는 내가 보인다.
'너, 진짜로 아들에게 그동안 지은 잘못을 사과하고 싶니? 관계를 회복하고 싶니?'

그래, 이번에는 해보자. 그런데 부끄럽다. 다 큰 아들, 차마 얼굴 보고는 낯간지러워 못하겠다. 아들이 잠들면 해야겠다.
모두가 잠든 새벽, 살며시 아들 방문을 열고 들어갔다. 혹시라도 깨면 둘 다 민망할까봐 조심조심 아들 옆에 앉는다. 어둠이 눈에 익숙해지자, 아들의 얼굴이 보인다. 어느새 이만큼 컸네. 가만히, 말없이 아들 머리를 쓰다듬었다. 갑자기 온갖 것들이 떠올랐다. 결혼 후 5년 만에 어렵게 가진 아들이었다. 이 세상 좋은 것을 다 주고 싶었다. 엄마 욕심에 너무 힘들어하는 아들이 보였다. 흘러도 흘러도 또 눈물이 난다. 그런데 신기하다. 흘린 눈물만큼 가벼워진다. 이윽고 그동안 너에게 닿지 못했던 마음들을 말로 표현한다.
'엄마가 진짜 진짜 미안해… 미안해… 미안해… 사랑한다, 아들.'
아들은 미동 하나 없다. 살포시 이불을 덮어 주고 나왔다. 인생의 큰 숙제를 한 느낌이다. 생각보다 어색하지 않네, 이 느낌 괜찮네.

다음 날 아침, 훨씬 부드러운 태도로 말을 건네는 아들! 이럴 수가, 설마! 한 번 만에? 우연이겠지… 무의식 속에서 아들은 그 손길을 느꼈던 것일까? 아니면 아들은 바뀐 게 없으나 내가 아들을 보는 시선이 바뀌고 마음에 여유가 생겨서일까? 아무렴 어때? 그건 중요한 게 아니다. 변화하고자 한 걸음 내디뎠다는 것이 의미 있는 것이지. 부족한 잠에 나른한 졸음이 몰려온다. 기분 좋은 졸음에 나를 맡긴다.

훈육과 잔소리의 경계선에서

10대 청소년이 부모님께 가장 듣기 싫은 말
3위 "게임 좀 그만해!"
2위 "정신 안 차릴래?"
1위 "야!"

어쩌면 내가 아들에게 하루에도 몇 번씩 하는 말들이다. 억양이나 어투는 다르겠지만 의미는 다르지 않은… 아들아, 미안하다. 그동안 듣기 싫은 말을 어떻게 참고 있었니? 그래도 묵묵히 "알았어요" 하고 대답하는 너의 마음을 몰라줘서 미안하고 또 감사하다.
부모의 역할 중에 훈육과 사랑이 있는데, 예의를 갖춰 가르치면 훈육, 없으면 잔소리.
오늘 나는 훈육을 하였는가, 잔소리를 하였는가?

나는 달이다

시골 한적한 곳에서 밤하늘의 별을 보면 어둠 속에서 빛나는 그 별이 그렇게 아름다울 수 없었다. 우주의 신비에 경외심을 갖는 것도 잠시, 목을 한껏 젖히고 별들을 바라보고 있으면, 때론 공허함에 때론 고독과 쓸쓸함에 울컥해지곤 했었다.
저 많은 별들 속에 나는 어디에 있나? 나는 왜 별이 아닐까?
오늘 문득 TV를 보다가 모 남자 배우가 하는 말이 마음속으로 성큼 다가왔다.

나는 달이다.
별이기보단 달이다.
달은 보름달도 있고 초승달도 있고 반달도 있다.
달은 다양한 모습을 가졌지만 본질은 하나다.
별은 동경의 대상이었지만, 달은 편안함으로 항상 내 곁에 있었음을 몰랐다.
나에게는 여러 가지 모습이 있다. 이 모습도 나요, 저 모습도 나요, 그걸 인정하지 않고 허상만을 좇고 있었구나.
나는 달이다.

인생의 기쁨

영화 〈버킷리스트〉(2007년, 주연 모건 프리먼, 잭 니콜슨)를 보다가 만난 어떻게 살아야 하는지에 대한 명대사가 기억이 난다.
고대 이집트인들은 죽음에 대해 멋진 믿음이 있었다고 한다. 죽어서 영혼이 하늘에 가면 신이 두 가지 질문을 했는데, 대답에 따라서 천국에 갈지 말지가 정해졌다고 한다.
하나는 "인생의 기쁨을 찾았느냐?"
또 하나는 "당신 인생이 다른 사람들을 기쁘게 했나요?"

셀프 코칭을 하면서 나 스스로에게 던지는 질문.
첫 번째 질문의 답은, 이제는 확실히 말할 수 있다. 인생의 기쁨을 찾으면서 살고 있다고…
두 번째 질문은 앞으로의 삶에서 나의 사명으로 삼고 살아갈 것이다.

관점 바꾸기

머리가 복잡하다. 복잡할 때 나에게 필요한 건 뭘까? 단 1분만이라도 타임아웃을 외치는 용기가 아닐까? 나는 그동안 일을 하면서 100% 만족했었던 적은 없었다. 주변에서 자신의 성과에 대해 아주 만족해 하는 사람들을 보면 부러움과 시기심으로 주눅이 들 때가 종종 있었다. 나의 이런 마음을 얘기를 하면 지인들은 "너는 스스로에 대한 목표가 너무 높아", "너에 대한 기준이 너무 엄격해, 왜 스스로 만족하지 못하고 자기를 괴롭히냐?"라는 말들을 하곤 했다. 맞다. 나도 그 말에 동의한다. 하지만 기대치를 낮추는 것도, 너무 높은 목표에 허덕이는 나 자신도 어느 하나 만족스럽지 않았고 수용하지 못했다. 그러다가 코칭의 '관점 바꾸기'가 떠올랐다. 배운 걸 써먹어야지!

내 마음의 또 하나의 얼룩을 지워본다. 관점을 바꾸니, 실수나 아쉬움이 남을 때 만족하지 못했던 것도 내가 성장할 수 있는 원동력이 될 수 있었다. 오늘도 마음의 문을 활짝 열고 나를 만난다. 타인으로부터 인정을 받아야 내가 가치 있다고 느끼는 것은 나의 삶이 아님, 내 삶의 주인공으로 살고 싶다고 외치면서도 정작은 인정의 욕구에 일희일비하는 것은 모순된 삶인 것을 깨닫지 못했다.
진정한 자유는 인정의 욕구에서 해방되는 것, 삶의 노예로 살 것인가? 주인으로 살 것인가? 결정은 나의 몫, 나는 무엇을 선택할 것인가?

김영란

내일의
너에게

밀레니엄 시대를 알리는 2000년이 시작하는 그해, 나는 인천과 광양을 오가며 수학전문 강사로 활동하고 있었다. 결혼 초 경제적인 어려움이 해결되어 가정적으로는 어느 정도 안정적이었고 마음의 여유도 있었다. 그러나 시간적 여유가 없고 늘 피곤하던 나에게 친정 엄마의 노인복지사업 제안은 유혹이라기보다 구원의 손길이었다. '설마 엄마가 나를 또 어려움에 빠지도록 할까?' 생각하며 부지를 계약하고 대출을 받아 건축시공을 하는 일에 명의자가 되었다. 전체적인 총괄은 어머니가 하는 걸로 하였기에 건축과 관련하여 내가 직접 해야 하는 일은 별로 없어서 그동안 하던 일을 계속하기 위해 남양주에서 인천으로 출퇴근을 하며 2년간 바쁜 시간을 보냈다. 그리고 사회복지사 취득을 위해 공부를 더 해야 하나 하는 고민 끝에 2002년 교육대학원에 입학하여 상담심리를 더 공부하기로 마음먹었다.

서울월드컵으로 들떠 있던 2002년 여름, 여름 학기 집중 수업으로 월드컵의 열기도 모든 일정도 뒤로하고 2주간 출석 수업에 참여하고 있던 나에게는 최악의 여름이 되어버렸다.

상담이론들을 배우는 것은 의미가 있었으나, 자기 삶의 스토리로 들어가는 것은 어렵게만 느껴졌다. 자신의 이야기를 거의 하지 않고 억압하고 인내하면서, 살아온 삶이기에 누구에게 공감을 받는다는 것도, 자신의 이야기를 가감 없이 누군가에게 한다는 것도 부담이었다. 설상가상으로 엄마와 함께 진행하던 노인복지관 건축사업과 식당이 부도 직전이라 수십억의 부채를 떠안게 되었다. 시댁에서는 시숙이 암으로 투병 중이고, 건축업자와 채권자들, 친정 엄마의 이해할 수 없는 행동으로 나는 사면초가에 처했다.

일련의 흐름 속에서 분노와 좌절, 무기력함을 경험하며 그 여름 나는 극단적인 선택을 두 번이나 시도하였으나 죽음의 경계로 넘어가는 일 또한 쉽지 않았다. 모든 이권을 포기하여 엄마의 구속을 막고, 몇 달 홀로 지내던 그해 가을, 거리의 붉은 행렬과 월드컵 4강의 소식은 나와 전혀 무관한 축제처럼 느껴졌다.

이후 몇 년 동안 일 중독자처럼 살던 어느 날, 학원장들과 야유회를 갔다가 사고로 충격을 받아 의식을 잃었다. 짧은 순간의 경험이지만 육체를 벗어난 영혼은 깃털처럼 가벼웠다. 미련 없이 세상과 이별하고자 방향을 돌려 하늘을 향하던 내 눈 앞에 갑작스럽게 두 아이의 얼굴이 나타났다. 그 순간 순식간에 육체로 빨려 들어가던 느낌은 지금도 생생하다. 눈을 뜨고 보니 주변은 날 깨우고 난리가 났다. 다시 육체에 갇힌 나는 '아이들로 인해 그저 살아야 하는구나'라는 생각이 드는 순간 통곡하며 목 놓아 울었던 기억이 난다. 이후 인근 병원 응급실을 거쳐 구급차를 타고 집 근처 병원으로 옮겨지면서 나는 죽음과 삶의 경계가 그리 멀리 있지 않음을 처음으로 실감하였다.

그렇게 심리학에 대한 호기심은 사라지는 것 같았다. 막내가 유치원에 들어가고 시간의 여유가 생겨 미래의 안정적 직업을 생각하면서 이것저것 공부하던 중 다시 전문성을 갖추기 위해 공부하고픈 마음이 생겼다. 여전히 경제활동과 공부를 병행해야 했기에 사이버대학을 알게 되어 2011년 편입하여 상담심리와 사회복지를 복수 전공하게 되었다. 오전에는 강의를 들으며 공부에 집중하고 오후에는 개인지도를 하며 평온한 나날이 지속되었다. 아들의 교통사고와 생사의 문턱을 넘는 교통사고가 나기 전까지는….

교통사고 그 이후

2015년 8월 주말, 여름휴가 겸 학습코칭 스터디 학원장들과 워크숍으로 막내와 함께 강화에서 1박으로 힐링의 시간을 보내고 있었다. 막내와 같이 저녁을 먹고 저녁 강연 중 큰딸로부터 전화를 받았다. 아들이 자전거를 타고 아빠를 만나기 위해 가다가 오토바이와 부딪혀서 다쳤다고 한다. 쇄골이 부러져서 수술을 해야 하는데 주말이라 수술도 안 되고 상대 운전자는 무보험이라 일단 아빠가 우리 보험으로 처리하고 월요일에 수술 날짜를 잡았다고 한다. 아빠는 출근 때문에 다시 지방에 내려가면서, 이후 일은 엄마가 와서 상대 운전자와 만나서 처리하라고 했다는 것이다. 밤이 늦어 갈 수도 없고, 교통사고인데 경찰에 신고도 안 하고, 우리가 무슨 보험이 있다고 처리를 했다는 건지 알 수가 없었다.

월요일 아침, 수술실로 들어가는 아들을 보니 전날 덤덤하던 모습이 사라졌다. 수술 시간은 생각보다 길었고 수술 후 다 큰 아들이 눈물을 흘리며 나오는 모습을 보니 더욱 속에서 화가 났다. 아들이 병실로 들어가는 것을 보고 난 후, 바로 전화를 하여 상대 운전자와 만났다. 그런데 병원으로 들어선 그를 본 순간, 나는 그 자리에서 얼음처럼 굳어버렸다. 왜냐하면 노인복지시설 건립 당시 스토커처럼 나를 괴롭혔던 사람과 너무나 흡사했기 때문이었다. 분명, 그 사람은 아니라고 스스로 생각하며, 정신을 차리고 사고 경위를 물었다. 자신이 좌회전을 하려는데 아들이 역주행으로 엄청난 속도로 달려와서 피할 수 없었다는 것이다. 그리고 쇄골 부러진 정도는 수술 안 해도 되는데 큰 병원에 와서 수술까지 한다며 뭐라고 하는 것이다. 나는 의사가 단순한 골절이 아니고, 몇 조각으로 부서진 거라 이것은 수술해야 한다고 해서 하는 것이지, 이유 없이 수술을 하고 싶은 사람이 어디 있느냐고 했다.

병실로 돌아와 아들에게 "너 역주행으로 달리고 있었니"라고 물으니 아저씨가 다그쳐서 아무 말 못했는데 자기는 도로를 따라갔을 뿐 크게 잘못한 것은 없다는 것이다. 일단은 수술비부터 해결하자 싶어서 자동차 보험에서 무보험 상해로 수술비를 보상 처리할 수 있다 하여 보험사와 상담 후 처리하였다. 이후 퇴원을 하고 아들에게 얼마나 과실이 있는지 알아보고 난 후 신고하자 싶어 아들과 함께 사고 현장에 가서 자세한 이야기를 들었다. 그런데 사고 지점을 보니 횡단보도 지점이라 아들이 이미 좌회전을 한 상태에서 오토바이가 자전거를 치고 나간 것 같아 보였다. 사고 운전자가 말한 역주행은 오토바이가 한 것 같았다.

다음 날, 사고 운전자에게 전화를 하여 사고 지점에서 삼자대면을 하자고 했다. 사고 지점이 맞는지 각자에게 확인을 하고 사고 당시의 상황을 서로 이야기하도록 했다. 충돌 지점이 횡단보도라면 이미 좌회전을 한 이후 충돌이 있었다는 것인데 이 위치에 오토바이가 있어서 충돌이 있었다면 오토바이가 중앙선을 넘어온 것이니 당신이 역주행을 하고 왜 아이에게 뒤집어씌우느냐 하고 따졌다. 그랬더니 아들은 들여보내고 어른끼리 이야기하자는 것이다. 아들이 돌아간 후 갑자기 하는 말이, 자기가 이 지역 개발할 때 사람을 죽이고도 감옥을 안 갔고, 동네 사람들이 자기 어머니를 때려서 어머니가 거의 불구가 되어서 이 동네 사람들을 죽이고 싶도록 미워하며 살고 있다는 것이다. 그렇지 않아도 예전에 괴롭히던 사람과 비슷하여 심장이 떨리는 판에 갑자기 '살인을 하고도 감옥에 안 갔다'는 말에 순간 넋이 나가

버렸다. 이 사람을 더 건드리면 내가 먼저 죽을 수도 있다는 생각에 갑자기 뜬금없이 '악수나 하시죠' 하고는 손을 잡는 둥 마는 둥 하고 집으로 도망가듯 들어갔다.

이 일 이후 짧은 머리에 두상이 비슷한 사람만 보면 심장이 두근거리고 밤에 잠이 안 오는 것이었다. 그리고 무기력하고 하는 일도 제대로 하기가 힘들었다. 이것이 외상 후 스트레스인 거 같아 상담치료를 받기로 하였다. 몇 달 상담을 받으러 다니면서 증상은 사라진 듯하나 무기력과 우울감은 쉽게 가시지 않았다. 그리고 동네에서 그 사람과 마주치는 일이 있었는데 그 사람이 우리 집을 알고 있다는 사실에 막내가 학교를 가는 것도 불안하고 길에서 마주치면 돌아서 가는 등 불편하기 짝이 없었다. 생각 끝에 이사를 하기로 했다.

2016년 봄에 서울로 집을 알아보고 5월에 이사를 하였다. 몸이 많이 허약해졌는지 이사를 하고도 짐을 제대로 정리를 할 수가 없었다. 이런저런 정리도 안 되어 있는 상황에, 머리도 식힐 겸 7월 17일 제헌절 휴일이라 학습코칭 학원장들과 영흥도로 워크숍에 갔다. 1박을 할까 하다가 밤 12시에 먼저 가려는 몇 분의 원장들이 있어서 그때 나도 출발하였다. 운전대를 잡으니 부슬부슬 비가 내리기 시작하였다. 밤길이라 조심해야겠다 생각하며 맞은편에 오는 차량의 불빛을 감지하는 순간 내 몸이 튕겨나가는가 싶더니 갑자기 뭔가가 덮치면서 이제 물에 빠져 죽는구나 싶었다. 그리고 의식을 잃었다. 갑자기 엄청난 고통에 으악 하고 깨어보니, 병원에서 나를 검사한다고 들어 올리면서 다친 곳에 통증이 전달되어 오는 고통이었다. 이미 환자복으로 갈아입은 내 몸을 보며 도대체 그간 무슨 일이 있었는지 알 수 없는 두려움을 느꼈다. 동시에 전혀 움직일 수가 없고, 나의 몸 어디가 어떻게 아픈지도 모르게 온몸이 아파왔다. 눈을 뜨니 큰딸이 와 있었다. 여기가 어디냐 하니 시흥의 무슨 병원이라고 한다. 새벽 한 시가 넘어 경찰 연락을 받고 택시를 타고 왔다고 한다. 엑스레이 검사 결과 갈비뼈가 4~5개 부러지고 여러 군데 외상이 있고 의식이 불분명하였던 터라 뇌 촬영을 하였으나 큰 이상은 없는 듯하다고… 그러나 기흉이 있어서 좀 지켜봐야 한다고 한다. 호흡이 힘들어 산소 호흡기를 하고 일단 병실로 옮겨지면서 또 한 번의 으스러지는 고통을 경험하였다.

일어날 수도 없는 몸이라 당분간 이러고 있어야 하고 가족이 옆에 있어야 한다는데, 집과 멀어서 여기서 입원하는 것은 힘들겠다 싶어 집 근처 병원으로 알아보고 응급차를 타고 서울로 왔다. 하루가 너무 길었다. 친정 엄마도 오시고 새벽에 혼자 자던 막내도 아침에 언니 전화를 받고 와서 우는 모습을 보니 마음이 편치 않았다.

일주일은 거의 혼자 밥을 먹기도 힘들고 화장실을 갈 수도 없었다. 처음 이틀은 꼼짝없이 누워만 있었는데 도무지 할 짓이 아니었다. 어떻게 하든 침대를 세워 달라 하여 두 발로 서도록 해달라고 했다. 다리가 부러진 것은 아니므로 세워만 주면 살 것 같았다. 허리가 아파 오래 누워 있지 못하는데 화장실도 못 가고 누워서 밥을 받아먹으니 소화도 안 되는 것이었다. 그렇게 이틀 만에 일어나 화장실에 가서 처음으로 얼굴을 살폈다. 처음 병원에 왔을 때 머리 여기저기서 유리 파편이 만져져서 얼굴도 많이 상했으려니 했다. 그런데 얼굴 안면에서 거의 외상이 보이지 않았다. 참으로 감사한 일이었다. 갈비뼈는 시간이 지나면 붙는다 하고 다른 곳이 부러진 것은 아니니 시간이 지나 다리의 힘이 생기면 걷는 것도 무리가 되지 않을 것이라 며칠이면 나을 것 같았다.

그러나 병원 생활은 생각보다 길었다. 그렇게 아무것도 하지 않고 다른 사람이 차려 주는 밥을 먹으며 생활한 것이 내 생애 영유아기를 제외하고 있었나 싶었다. 그럼에도 그 시간을 보내는 것이 내게 힘들었던 이유가 무엇일까?

가만히 있는 것이 오히려 불안해서인지 아니면 예정된 시험 때문인지 병원에 있으면서 직업상담사 자격증 공부를 했고, 1, 2차 동차합격하였다. 남들은 TV를 보며 떠들썩한 가운데 환자가 시험공부한다고 앉아 있으니, 지금 생각하면 그들 눈에 나는 어떤 모습으로 비추어졌을까?

합의과정 또한 수월하지 않았으나, 조금 받은 합의금으로 대학원 편입을 하기로 하였다. 다시 주어진 삶 속에서 앞으로 무엇을 해야 하는지, 무엇을 하고 싶은지 고민하다가 대학원에 가기로 결심하였던 것이다. 2002년 도전하고 중도 포기했던 석사학위를 마치자는 생각도 있었다.

전문가로서 변화와 성장

2017년 교육대학원 코칭심리로 편입하였다. 몇 년간 지속되는 무기력과 교통사고 이후 외상 후 스트레스에서 벗어나고 싶었다. 내면의 심리를 성찰하여 무기력하게 멈추어 있는 원인을 알고 앞으로 나가고 싶었다. 그동안 코칭이라는 이름으로 나름 하고 있는 학습과 진로코칭의 정석을 배우고자 하는 열망도 있었다.

대학원 과정은 기대와 두려운 감정을 동시에 느끼게 하였다. 다시금 학생의 신분으로 돌아간다는 기대감과 경제적 부담, 체력적 한계를 극복할 수 있을지 하는 두려움이었다. 그러나 이번에 하지 않으면 더 이상 학업을 할 수 있는 기회가 없을 것 같다는 생각에 우선순위를 학업에 두었다.

편입이라 어느 학차에도 속하지 못하는 겉도는 느낌과 몇 년간의 무기력으로 대인관계는 낯섦 그 자체였다. 그러나 동기들과 융의 분석심리학 스터디를 하면서 마음의 울림이 있었다. 그동안 자격증을 따기 위해 피상적으로 알던 내용을 좀 더 구체적으로 알아가면서 내 안에 있는 무수한 외침이 허상이 아닌 실제라는 것을…. 어려서부터 늘 떠오르는 생각과 꿈을 꾸며 느낀 감각과 사고의 흐름들이 무의식의 외침이라는 것, 그리고 무의식의 길 안내를 받을 수 있다면 잠재력을 발휘할 수 있을 것 같은 희망이 생겼다. 그동안 환경과 사람들로부터 자유롭지 못했던 자아를 좀 더 강하게 할 수 있다면 스스로 이상적인 모습으로 여기는 성숙한 모습으로 변화하고 성장할 수 있으리라는 희망이 무기력감에서 벗어날 수 있도록 하였다.

내담자 경험으로 상담을 받으면서 나의 이야기를 진실되게 누군가에게 하기 시작했다. 그간의 사건들과 나의 어린 시절을 돌아보면서 비슷한 경험이 주기적으로 반복되는 것을 알게 되었다. 학창시절 진학과 입시를 앞두는 시기마다 가정의 큰 위기는 3년을 주기로 반복되었고 결혼 이후도 여전히 진행형이었다. 그때마다 위기탈출을 거듭하며 살았기에 어지간한 일에는 감정 기복이 없었던 것을 성숙이라 착각하고 있었다. 과거를 들여다보기 싫었던 나의 의식은 무의식의 외침과 고통은 외면하고 살았기에 상담이 아닌 코칭을 선택하였던 것 같다. 코칭은 과거의 탐색보다 현재 상태에서 변화와 성장이라는 목표를 가지고 접근한다. 때문에 수십 년 학생들과 학부모를 만나면서 학업과 진로코칭전문가가 되기로 목표를 설정하면서 시대적 흐름이라 합리화하고 있었는지도 모른다.

그런데 어느 순간부터 앞으로 나가지 못하고 멈추어버린 나의 행동과 심리상태를 보면서, 힘들어하던 나는 상담과정을 통해 과거를 재조명하게 되었다. 어려서부터 부모 관계에서 받은 상처를 나름대로는 신앙과 공부라는 돌파구를 통해 잘 살고 있다고 생각하였다. 그러나 힘들면 스스로에게 '무상무념무아'를 외치며 상처를 외면하고 억압하면서 살았던 것이다. 그동안 무수히 꾸었던 꿈들은 무의식의 외침이었으며 이유도 없이 두통에 시달린 어린 시절, 만성 위염과 과민성 대장 증세는 신체화 증상이라는 것도 알게 되었다. 상담사가 하는 말이 '선생님은 아프면 병원에 갈 것이 아니라 상담을 받으러 와야 한다'는 말에 울컥할 뻔하였다.

누구에게도 내면의 고통은 알리지 않았고, 참는 것이 미덕이라 여기며 살았기에 수시로 찾아오는 신체화 증상마저 몸이 약했던 탓이라 여겼다. 큰 사건이 터지지 않으면 나의 감정과 욕구가 무엇인지조차 모르는 사람이었던 것이다. 단순히 코칭학을 공부하였다면 몰랐을 나의 무의식의 외침을 심리학적 기반의 코칭을 배우면서 알게 된 것이다.

코칭을 만나게 된 것은 나의 상태와 무관한 행운이었다. 아이들이 사춘기를 지나면서 나의 이슈와 맞물리면서 힘들었을 텐데, 당시 학습성격심리와 코칭을 만나게 되면서 시행착오를 줄이게 되는 계기가 되었다. 스스로 목표와 비전을 찾을 때까지 인내하며 기다려 주는 일은 수많은 학생들을 가르쳐 온 나에게 쉬운 일은 아니었다. 그러나 마음을 비우고 아직 내가 젊기에 아이들이 자신의 꿈과 재능을 발견하기까지 지켜보면서 때로는 피드백을 통한 동기부여를 하며 세 아이 모두 나조차 부러울 정도로 자신의 길을 가고 있다. 이제 결혼이라는 인생의 과제를 남겨 둔 큰딸과 아들, 중2병을 지난 막내딸을 보면서 이제는 나의 사명과 비전을 따라 살아가고자 한다.

아직도 나는 나를 표현하고 내 감정을 인식하는 일에 대단히 서툴다. 때문에 자신을 마음껏 표현하는 막내와 하고 싶은 일을 마음껏 즐기는 20대 두 자녀를 보면서 과거의 나와 비교하며 때로는 나에 대한 연민과 한편으로는 그렇게 살아도 될까 하는 염려가 되기도 한다.

'인간의 내면에는 무한한 가능성이 있으며 무한한 가능성이 발휘되도록 코치가 대등한 관계에서 파트너가 되어 함께 목표를 향해 동행하는 것'이 코칭의 기본 철학이라고 한다. 코칭 철학을 받아들이는 것이 처음에는 쉽지 않았다. 아무리 가르쳐도 이해하지 못하는 학생과 도무지 이해 안 되는 언행으로 주변 사람을 불편하게 하는 사람들을 보면 더욱 그러하였다. 그러나 코치 스스로 고객의 잠재력을 믿고 받아들일 때, 고객에 맞는 적절한 질문으로 고객 스스로 통찰하게 할 수 있음을 깨닫게 되었다. 고객을 신뢰하지 못한 상태에서의 질문은 고객의 무의식을 의식화할 수 없으며, 고객이 의식화하지 못한 상태에서는 고객 또한 자신의 욕구를 알아차릴 수 없기에 목표 설정이 제대로 될 수 없었다. 목표 설정이 되지 않으면 표류하는 배처럼 코칭 장면 또한 겉돌고 있다는 것을 경험적으로 알게 되었다.

몇 년간 만난 학생들을 통해 학습의 성과가 없는 학생들은 학습 자체보다는 학습 동기와 목표, 학습 방법과 습관, 시간관리 등과 같은 학습 이외 요소가 더욱 중요하다는 것을 알게 되었다. 학습에 어려움이 있는 대부분의 경우 진로에서도 어려움이 나타나는 경우를 많이 보게 된다. 진로 목표가 분명하다면 학습 동기는 자연히 생기게 될 것이나 진로 목표가 없다면 학습 동기를 유지하기 쉽지 않을 것이다. 또한 학습과 진로에 있어서 부모의 역할이 많은 비중을 차지하기 때문에 학습과 진로, 부모관계는 유기적 관계로 얽혀 있다는 생각이 들었다. 이러한 이유로 학습과 진로, 부모 코칭에 대한 더 깊은 탐색을 연구하기로 내 개인의 목표를 삼게 되었다.

2019년 8월 교육학 석사 학위를 받으면서 17년 만에 학위를 받았음에 만감이 교차하였다. 다시 학업을 하기로 마음먹으면서 두 번의 자살 시도와 두 번의 생사를 오가는 사고를 경험하면서도 살아 있음에 눈뜨는 이 하루도 최선을 다하며 살아왔다. 때로는 누군가로부터 상처를 받고 나 또한 누군가에게 상처를 주며 살았을지라도 이제는 더 이상 원망과 불평 그리고 죄책감에 시달리지 않는다.

이제는 누군가에게 등불을 비추는 희망이 되고자, 그리고 자녀들에게 안전지대가 되어주기 위해 내 자신부터 돌보기로 생각을 전환하였다. 여전히 미숙한 감정표현에도 불구하고 매일 만나는 청소년들과 소통하면서 힘을 얻는다. 학부모와 청소년 심리를 이해하고 상담과 코칭 전문가로 거듭나기 위한 나의 도전은 오늘도 여전히 진행 중이다.

오랜 기간의 티칭을 통해 소극적이고 내성적인 성격을 극복하게 되었고, 상담을 통해 내면의 상처를 극복하고 상처받은 영혼들을 이해하는 계기가 되었으며, 코칭을 통해 변화와 성장이라는 목표를 바라보게 되었다. 이 세 가지 스킬의 조화와 융합으로 어떠한 고객을 만나도 대처할 수 있는 유연한 전문가가 될 수 있기를 희망한다.

학습코칭

흔히들 학습이라고 하면 학교 다니는 학생들만의 일이라 생각한다. 그러나 평생학습 시대를 살아가는 현대사회는 학습이 학교 현장에서만 일어나고 있는 것은 아니다. 학습의 어원을 살펴보면 배울 '학(學)', 연습할 '습(習)'으로 교육학 용어사전에 의한 정의는 다음과 같다.

> 연습이나 경험의 결과 일어나는 행동의 지속적인 변화로 학습이란 첫째, 행동의 변화이며, 둘째 이러한 변화는 연습, 훈련, 또는 경험에 의한 변화로서 성숙에 의한 변화 학습으로 간주되지 않으며, 셋째 이러한 변화는 비교적 영속적이어야 한다. (교육학 용어사전, 1995)

이러한 의미로 본다면 매일의 경험과 반복되는 연습을 통해 익히는 많은 것들이 학습의 결과라는 것이다. 단순히 책을 통해 익히는 지식이 아니어도 우리의 학습 대상은 얼마든지 많다고 볼 수 있다. 평생학습에서 말하는 학습의 의미가 요람에서 무덤까지라고 하는 맥락과 일치한다고 볼 수 있다.

그러나 많은 학생들이 학습이란 학교 다니는 때만 하는 것이라는 생각 때문에 학교 현장을 떠나면 공부는 하지 않는 것이라고 말하는 것을 들을 수 있다. 이러한 학생들에게 평생학습의 의미를 설명하면 학교를 졸업하고도 공부를 해야 하느냐며 한숨부터 나온다. 우리가 학생들에게 얼마나 학습에 대하여 왜곡된 사고를 하도록 만들었는지 알 수 있다. 흔히 학습을 게을리하는 학생들의 부모 중에는 대학만 들어가면 된다고 그때까지만 열심히 공부하라고 다그치는 것을 볼 수 있다. 이러한 학생에게 학습은 대학을 가기 위한 수단으로 그때까지만 참으면 된다고 생각하는 것이다. 배우는 학생이라면 학습이 당연한 일임에도 하기 힘들고 대학을 가기 위해 억지로 해야 하는 일로 생각하도록 만든 것은 성인인 우리의 책임이 더 크다고 할 수 있다.

어린아이들은 많은 호기심을 가지고 끊임없는 질문을 통해 알고자 하는 것이 많다는 것을 어린 자녀를 키워본 사람은 알 것이다. 그러한 호기심으로 주변 환경을 탐험가처럼 질문과 탐색으로 하나하나 학습하는 것이 아이들의 특성이라 할 수 있다. 그러한 아이들이 어느 순간 학교에 들어가면 학습이 어렵다고, 과제가 많다고 하면서 생각하기를 싫어하게 되는 것이다.

같은 것을 여러 번 설명해주어도 받아들이지 못하는 학생을 비롯하여 처음부터 학습 자체를 거부하는 학생들을 보면서 어디에서 무엇이 문제인지 고민하는 가운데 학습 심리에 대한 관심이 많아졌던 것 같다.

초등학생 4학년 여학생이 있있다. 인지적으로 평균 이하이지만 그 어머니는 일반 학생과 함께 학교에 다니길 원하여 특수학교에 보내지 않았던 것 같다. 문제는 일반 학교에서 다른 학생들과 똑같은 학습과정과 방법으로 배우기가 어렵다는 것이다. 내가 만났을 때 이미 이 여학생은 학습에 대한 부정적 사고와 자존감이 낮은 상태였다. 학교에서 성적이 좋은 학생들을 괴물처럼 느낄 만큼 따라가기 힘들다고 생각하고 있었다. 당시에 학습부진 학생에 대한 심리적 이해가 부족했던 나는 일반 교과과정을 좀 더 쉽게 설명하는 것으로 접근할 수밖에 없었다. 그러나 하면 할수록 학생도 나도 지치는 상태였다. 진도와 상관없이 충분히 기초를 반복해야 하는데 학교 수업을 따라가는 것에 목표를 두었기에 하기가 어려웠던 것이다. 이 학생과의 만남을 통해 학습부진 학생의 경우 일반 학생과는 다른 접근을 해야 한다는 것을 알게 되었다.

2020년 학습상담사로 학교 현장에 들어가게 되었다. 코로나로 학교 수업이 면대면으로 이루어질 수 없는 상황에서 학습부진 학생들은 등교하여 수업 시간이나 방과 후로 진행할 수 있게 되었다. 실로 다양한 학생들을 만난다. 중3이 사칙 연산에 어려움이 있기도 하고, 다문화 학생이라 한국어로 의사소통이 어려운 학생까지 그룹 수업이 어려운 경우가 많았다. 개별적으로 학교에서 다루기 힘든 학생들을 맞춤학습으로 만나 정서와 학습을 다루게 되는 경우도 있다.

중3 학생으로 사칙연산이 안 되는 한 남학생이 하는 말이 마음을 아프게 한다. 부모님이 연로하셔서 자기에게 기초 학습은 물론 씻는 것조차 알려주지 않아서 자기는 학교에 입학하면서부터 친구들로부터 외면당하여 친구가 하나도 없다는 것이다. 이 학생은 과학과 목공에 관심을 가져서 관련 정보들을 인터넷을 통해 여러 가지 알고 있었으나 이 또한 잡다한 지식에 불과할 만큼 정리되지 않았었다. 몇 가지 탐색 활동을 통해 자신에게 탐구심과 선한 품성이 있다는 것을 격려해주자 '그 누구도 알지 못했다'라며 스스로 놀라는 것이었다. 스스로에게 가능성이 충분히 있음을 알려주며 학습의 장면으로 초대하려고 하였으나 너무 짧은 만남이라 목표를 이루지는 못하였다. 또한 이 학생이 기말 시험을 마치고 자신은 공부를 하기 싫어서 안 하여 성적이 안 나온 것이지만 다른 친구들은 공부를 하고도 성적을 못 받은 친구들이 있다며 같은 성적이라도 자신은 다르다고 하는 것이다. 적어도 이 학생은 언젠가 하면 할 수 있다는 생각은 가지고 있었던 것이다. 이 학생과의 경험을 통해 비록 씻는 것과 같은 개인위생조차도 학습은 성숙의 결과로 자연히 이루어질 수 없음과 학습의 과정에서 누군가의 도움이 필요함을 알게 되었다. 또한 학습 역시 습관으로 형성되지 않으면 역량이 있어도 성과를 얻을 수 없다는 것이다. 그렇다면 어떻게 학습이 습관으로 형성되도록 도울 수 있을지가 고민거리가 되었다.

코칭 철학에서 잠재력을 가진 고객에게도 파트너로서 코치가 필요하다는 것을 생각할 때 학습 또한 코칭이 필요한 영역임에는 틀림없는 것 같다. 학생이 질문을 통해 스스로 목표를 정하고 학습습관이 변하고 성장 목표를 향해 나가도록 돕는 일이 '학습코칭'이라 할 수 있을 것이다. 이러한 이유로 교과과정이 정해진 학교 학습 현장에서 학생이 주도적으로 목표를 정할 수 있도록 돕는 코치의 질문은 상당한 기술이 요구될 수 있다. 어려서부터 목표와 시간 관리가 되어 있는 학생에게는 크게 어려움이 없는 일이지만 학습부진으로 만난 학생들에게 쉬운 일이 아니다. 학습과 관련된 자신들의 욕구조차 생각해보지 않았고 필요성조차 알지 못하는 것이다. 학습은 머리 좋은 학생들의 전유물이거나 공부로 성공하고자 하는 사람에게나 필요한 일이라 생각하기 때문이다.

요즘 학생들에게 비유로 잘 드는 이야기가 있다. 우리가 숟가락질을 몇 살부터 배워서 언제쯤 밥을 흘리지 않고 혼자 먹게 되었는지? 대개 돌쯤 엄마로부터 숟가락을 가져가기 시작하여 유치원 들어갈 나이가 될 것이다. 그조차도 우리는 3~4년 걸려서 습득한 기술이다. 송

아지는 태어나서 하루 만에 일어서서 걷는다. 걷기조차 인간은 1년은 걸려 습득하는 기술이다. 긴 양육의 시간 동안 요구되는 학습은 좋은 대학이나 직업을 가지 위한 도구가 아닌 것이다. 심리 검사로 하는 지능 검사가 단순한 학습능력을 측정하는 것이 아니라 일상의 적응능력과 관계있듯이 학습이라는 것의 개념도 다시금 정리해야 할 필요가 있다. 오늘도 학생들에게 이야기했다. 매일의 삶이 학습의 연장이라고… 학습코칭을 위해 학습이라는 개념 정의부터 새롭게 해주어야 할 필요가 있었다.

진로코칭

학원을 수년간 운영하면서 학생들의 진로에 대한 상담은 흔한 일이었다. 그러나 그때의 진로는 대부분 입시와 관련하여 대학과 학과를 정하는 데 국한되어 있었다. 때문에 굳이 진로 상담 또는 진로코칭의 중요성을 의식하지 않았던 것 같다. 또한 진로의 의미도 협소하게 알고 있었던 것이 사실이다. 이러한 내게 진로에 대해 다시금 생각하게 한 것은 둘째인 아들 때문이었다. 아들이 중학교 2학년 때 큰딸이 동생만은 대형 학원을 보내어 선행 학습을 확실히 시키는 것이 어떻겠냐고 해서 입학시험까지 보고 들어갔다.

잘 다니고 있다고 철석같이 믿고 있었는데 어느 날 학원에서 전화가 왔다. 학원 출석 확인이 안 된다고…. 나는 아들이 분명 학원에 있을 텐데 출결 시스템만 확인하고 전화를 한다고 항의를 하면서 찾아보라고 했을 만큼 아들을 믿고 있었던 것이다. 그런데 정말 가지 않았던 것이다. 그래서 중3 이후 다시 직접 가르치기 시작했다. 매일 일정하게 가르친다기보다는 확인하고 점검하는 정도였는데 시험이 임박해서 보면 거의 공부를 하지 않았었다. 그래도 시험이 코앞이라 잔소리보다는 전날 집중해서 함께 공부를 하면 기대 이상의 성적을 받아왔다. 이렇게 머리가 우수한데 왜 안 하는지 이해할 수가 없었다. 그렇게 고3이 다 되어서도 아들은 변함이 없었다. 아들의 적성이 무엇인지, 무엇을 좋아하는지 알 길이 없어서 여러 가지 검사를 시도하면서 알게 된 성격 유형을 통해 아들은 본인이 원하지 않으면 아무것도 하지 않는 성격이라는 것을 알게 되었다. 또한 자기만의 주장과 논리가 강해 누구도 존경하는 사람이 없어서 멘토를 찾아주기도 어려운 유형이라고 한다. 어려서부터 아무것도 아닌 일에도 고집을 피워 차근히 설명을 하면 눈물을 흘리던 아들이 늘 하는 말 중에 '다 아는데 잘 안 된다'라고 할 때 그 심리를 좀 더 들여다봤으면 하는 후회도 있었다.

아들에게 말했다. 고3이 이렇게 공부해서는 대학을 갈 수 없을 것 같으니, 하고 싶은 것이 생길 때 그때 공부하라고 했다. 재수를 해도 좋고 군대 갔다 와서 해도 되니까 정말 하고 싶은 일이 생기면 그때 다시 시작하자고 했다. 그때 머릿속에 언젠가 밤새워 나무젓가락을 잘라 에펠탑이나 영화 속에서 봤던 다리를 만들어 도색 작업을 하던 것이 떠올랐다. 그와 연관시켜 말하기를 모델 하우스 같은 곳에 가면 조감도와 모형을 만들어놓은 것이 있는데 그런 것과 관계된 일을 하면 어떨지, 그러기 위해 무엇을 공부하면 되는지 찾아보라고 한마디 했다. 그리고 몇 달 후 건축학과를 가고 싶다는 것이다. 그러면 올해 대학 가는 것은 힘들 것 같은데 어떻게 할 거냐 물으니 일단 시간이 많이 남았으니 해보는 데까지 해보고 안 되면 내년에 재수를 하겠다고 했다. 졸업 후 누나인 큰딸에게 들으니 아들은 학창 시절 학교에서 수업을 거의 듣지 않았다고 한다. 이유를 물었더니 학교 선생님

중에 존경할 만한 사람이 없었다고 한다. 그러니 시험 전날 물어보면 아는 것이 하나도 없었던 것이었다. 그런 아들은 재수해서도 학원을 별로 열심히 다니지 않았다. 학원 간다는 동생이 오락실에 들어가는 것을 보고 누나인 큰딸이 내게 학원 그만 다니게 하고 자기 대학의 도서관 출입증을 동생에게 주어 거기서 공부하게 하면 어떻겠느냐는 것이다. 그렇게 대학 도서관에서 몇 달 공부해서 누나가 다니는 대학에 입학하여 언제 봤는지 학사장교 시험까지 합격했다. 올해 학사장교 의무 복무를 마치고 전역한 아들이 하는 말이 처음 대학 도서관에 들어가면서 보았던 학사장교 모집 공고를 보고 이 대학에 와서 학사장교가 되어 대학 생활을 하는 꿈을 꾸었다는 것이다. 그리고 지금까지 한시도 쉬지 않고 달려온 것 같다고…. 꿈을 꾸고 나서야 그 꿈을 이루게 되었던 것이다.

진로발달에 관한 학자 중에서 슈퍼(Super)는 개인과 환경의 상호작용을 강조하면서 전 생애 발달로 진로 발달을 설명하고 있다. 즉 진로를 대학 입시나 직업의 선택에 국한하지 않고 요람에서 무덤까지 확장하여 설명하는 것이다. 구체적으로 살펴보면 성장기, 탐색기, 확립기, 유지기, 쇠퇴기를 거친다고 하였다. 출생 후 14~15세경까지를 이르는 성장기는 자기 개념과 연관하여 역량, 흥미, 욕구, 태도를 발달시키는 시기이다. 이 시기는 호기심이 많은 시기이므로 주변이나 외부환경을 탐색하면서 일에 대한 정보를 얻고 자신의 흥미를 찾아가는 시기라고 할 수 있다. 따라서 이 시기에 다양한 경험을 하지 않으면 다음 단계의 탐색기에서 직업 체험과 자기인식을 통한 직업 선택이라는 의사결정에서 어려움을 경험하게 될 수 있다.

대부분의 부모들이 진로의 중요성을 인식하게 되는 시기는 탐색기에 해당하는 15~24세경이다. 그래서 대부분 이 시기에 진로에 대한 고민으로 상담이나 코칭을 받게 되는 경우가 많다. 그러나 슈퍼의 진로 발달 측면에서 보면 탐색기보다 더 중요한 시기가 그 이전 시기라 생각한다. 진로에 대해 고민하는 많은 청소년을 만나 보면 대부분 자신의 흥미와 적성을 모르거나, 자기 개념조차 모호한 경우가 많다. 하기 싫고 귀찮은 일로 공부를 손꼽으면서도 살아가는 데 도움이 되는 것이 공부라고 말하는 청소년들, 왜 대학을 가는지도 모르면서 대학을 가기 위해 억지로 하는 공부, 부모가 하라고 하니까 해야 하는 공부라고 하면서도 전혀 공부할 마음이 없는 학생들의 학업 성적은 기초학력 부진이라는 결괴를 가지고 있다. 성적으로만 진로가 결정되는 것은 아니지만, 학생들은 성적이 저조하기 때문에 앞으로 하고 싶은 일을 생각할 수가 없다. 이러한 학생들에게 미래에 무슨 직업을 갖기 원하는지 질문하면 모르겠다고 하는 경우가 대부분이다. 설령 어떤 직업에 대한 꿈이 있어도 현재의 성적이 저조하다고 포기하는 것을 보면 안타까운 일이다. 정말 하고 싶은 일이라면 도전할 수 있도록 격려하고 지지해야 하는 것이 바람직한 일이 아닌가?

꿈이 없는 청소년, 꿈을 잃어버린 청소년, 꿈을 꿀 수 있는 기회조차 허락받지 못한 청소년들에게 꿈을 찾아갈 수 있도록 등불을 비추는 삶으로 남은 삶을 살기로 했다. 나의 닉네임은 '꿈바라기'이다. 꿈바라기의 뜻이 꿈을 담는 그릇이란 의미가 있다는 것을 알고 청소년들이 꿈을 담은 그릇이 되길 바라는 마음에서 내가 운영하던 작은 도서관 이름이 꿈바라기 도서관이었다. 지금은 폐관을 했으나 공부를 마무리하는 시점에서 다시 개관할 계획이다. 청소년뿐 아니라 꿈꾸는 모든 이들과 꿈을 찾는 이들에게, 그리고 상처받은 영혼들이 쉬어갈 수 있는 공간으로…

코치형 부모

평생을 가르치며 배우는 삶을 통하여 무엇보다 자녀 양육에서 많은 도움을 받았다고 생각한다. 나는 자녀들이 성장하는 시점에 따라 그에 맞는 공부와 일을 하였다. 어려서는 유아교육을, 청소년기는 수학을 비롯한 학과목을, 그리고 상담과 코칭을…. 이것이 나는 비록 부모로부터 학대에 가까운 양육을 받았음에도 나의 자녀들이 잘 자라준 이유이기도 하다. 자녀들 모두 아직은 부모가 되지 않아서인지 부모 도움 없이 자신들 스스로 알아서 성장한 것처럼 말하고 있다. 태어나서 초등학교 들어가기 전까지 밤잠 못 자가며 자신들을 돌본 이들이 부모라는 것은 기억조차 없을 테니 서운한 마음은 없다. 자신들의 삶을 스스로 선택하고 살아가도록 격려하고 양분을 준 것이 부모라고 하는 것을 언제가 그 자신들이 부모가 되어 자녀를 기르면서 자연스레 알게 되리라 생각하기 때문이다.

2020년 8월 큰딸이 결혼식을 올렸다. 코로나로 결혼식을 연기해야 하나 마나 반년을 고심했다. 결혼식을 앞두고 사회적 거리 두기 2단계가 되었다. 규칙이 실내 50명 이하라면 일가족만 모여서 결혼식을 진행해야 하는 것이다. 다행히 63웨딩홀 측에서 각 층을 연회석으로 사용하고 영상으로 식을 관람할 수 있도록 대안을 주어 무사히 결혼식을 마칠 수 있었다.

식을 마치고 집에 돌아와 피곤하여 일찍 잠이 들었더니 새벽에 잠이 깼다. 갑자기 만화에서나 보암직한 이미지가 연상이 되었는데 가슴에 커다란 구멍이 뚫린 것 같았다. 갑자기 몰려드는 알 수 없는 감정에 통곡하며 오전 내 울적한 마음이 들었다. 이유가 무엇일까? 스스로에게 질문하며 큰딸이 나에게 어떤 의미였는지 생각하게 되었다.

처음 아이를 가졌다고 했을 때 기분이 묘했다. 그리고 이내 걱정이 되었다. 아이를 가질 무렵 맹장 수술을 하였기에 혹시나 하는 염려가 있었던 것이다. 그래서 두 달쯤 되었을 때 초음파 검사를 하기 위해 병원에 갔었다. 그런데 병원에서 초음파상에 아이가 보이지 않고 심장 소리도 거의 들리지 않는다는 것이다. 역시 걱정하던 일이 생긴 것인가 했다. 의사는 수술해서 제거해야 한다고 하는 것이다. 남편도 같이 있었기에 이야기를 하고 동의를 구하여 수술 준비를 하고 있었다. 막상 수술대에 누우니 수술 후 며칠 병원을 다녀야 할 것 같다는 생각에 이왕이면 집 근처 병원에서 하는 게 좋지 않을까 하여 수술하지 않고 나왔다. 그리고 울적한 마음에 서울대공원에 가서 스릴감 있는 놀이 기구를 타며 실컷 놀다가 집에 왔다.

다음 날 자고 집 근처 병원에 다시 가서 사정을 이야기하니 다시 한 번 초음파로 확인하잔다. 그러더니 의사선생님 하시는 말씀이 아이가 선명하게 잘 보이고 심장 소리도 잘 들리는데 무슨 소리를 하는 것이냐는 것이다. 그 병원은 매번 초음파로 진단을 하면서도 병원비는 일반 진료비와 똑같이 받았다. 그러니 매번 초음파를 보는 의사와 어쩌다 한 번씩 초음파를 보는 의사의 차이가 이렇게 나는구나 하고 생각하였다. 지금 결혼한 큰딸은 그 병원이 있는 동네에 신혼집을 구해 살게 되었다. 참으로 묘한 인연이 아닌가? 그때 수술을 하였더라면 지금의 큰딸은 세상에 없는 아이였으리라 생각하면 지금도 아찔하다.

큰딸은 정말 순했다. 거의 울지도 않았고 정확한 시간에 젖을 찾고 심지어 한 달이 지나 밤 수유도 사라졌다. 모든 아이가 다 그런 줄 알았다. 남동생이 태어났을 때 큰딸은 두 돌이 되기 전이었다. 그런데도 아이를 바닥에 누이면 눈치껏 기저귀를 챙겨주고 동생을 돌보던 것을 생각하면 참으로 기특한 딸이었다. 자라면서 혼자 알아서 공부하면서 동생들 보살피고 엄마에게 힘이 되었던 딸이 막상 다른 집 식구가 되었다는 사실이 나를 더욱 공허하게 만든 것 같다. 사위라는 또 다른 식구가 하나 생겼다는 생각보다 '이제는 정말 이 집에서 나갔구나!', '다른 집 식구가 되었구나!' 하는 생각이 드니 그리 가슴이 펑 뚫린 것 같다.

우리 중 누구도 부모가 됨을 연습하고 부모가 되는 경우는 없다. 그래서 첫아이는 여러 시행착오를 경험하기도 하는 것이다. 나도 그랬다. 갓 태어난 아이가 밤에도 수유를 한다는 사실조차 들은 바 없는 나는 한 달은 거의 밤잠을 설쳐서 죽을 지경이었다. 그럼에도 밤에 아이가 조금만 움직이는 느낌이 들면 깨어 거의 반사적으로 아이에게 젖을 물렸다. 이것이 무의식적인 모성애의 반응이 아닐까? 친정 엄마로부터 종종 자식 낳아 키워보면 부모 마음 알 것이라는 소리를 들으면서 자랐다. 그런데 나는 자녀를 키워가면서 더 엄마 마음을 이해할 수 없었다. 어린 나에게 어떻게 그렇게 할 수 있었는지…. 이 말은 부모에 대한 존경심을 가진 소수의 사람들을 제외하면, 부모에 대한 부정적인 시각을 더 가지게 할 수도 있다. 성숙한 부모라면 이런 말을 자식에게 하지 않을 것이다. 이 말은 자식에 대한 서운한 마음을 표현하기 때문이다. 사랑은 내리사랑이라고 한다. 자식은 부모의 사랑을 받으면서 당연하다고 생각하는 것 같다. 부모 또한 자식을 돌보는 것을 의무나 책임으로 느끼지 않고 자연스런 마음에서 행하는 것이 대부분이다. 그러나 어느 순간 자식에 대한 보상심리나 서운한 마음이 자리 잡을 수 있을 것이다. 이러한 마음을 어떻게 다루느냐에 따라 그동안의 좋은 부모 역할이 변질될 수도 있는 것이라 생각한다. 부모는 자식을 낳아 기르면서 소유하거나 집착하는 것이 아니라 자식이 한 사람의 성숙한 인격체로 성장하여 떠나가도록 하는 역할을 해야 하지 않을까?

요즘 부모의 학대로 인한 뉴스를 접하면서 성숙하지 못한 사람이 부모가 되었을 때 생길 수 있는 불행을 보는 듯하여 가슴이 아프다.

어린 시절의 좋은 경험은 앞으로 인생의 어려움을 헤쳐나가는 좋은 자원이 될 수 있다. 여러 가지 문제 행동을 보이는 청소년의 경우 어린 시절의 좋은 경험이 없음을 보게 된다. 아이에게 좋은 경험은 결국 부모 또는 주 양육자와의 경험이라 할 수 있다. 그러나 적절한 돌봄을 제공하지 못하는 것도 문제지만 과보호 또한 문제라 할 수 있다.

얼마 전 알게 된 한 아버지가 있다. 늦둥이 막내딸을 낳고 아내가 죽으면서 절망스러웠으나 아내가 남기고 간 딸이기에 정말 애지중지 키운 것 같다. 막내딸이 해달라고 하면 무엇이든 해주어서 그런지 중학생이라고 하기에는 너무나 씀씀이가 컸다. 하루에 돈 백만 원 쓰는 일을 우습게 생각하고 말하는 모습을 보면서 뭔가 아니다 싶은 생각이 들었다. 한두 가지 언행을 보고 모든 것을 판단할 수는 없지만, 요즘 코로나로 어려운 사람들에게 백만 원은 결코 적은 돈이 아니다. 지나친 결핍도 문제이지만 무엇이든 원하면 다 해주는 부모의 태도는 자칫 자신밖에 모르는 사람으로 자라나기 쉽다.

부모란 어떤 존재일까? 전혀 모르던 남녀가 만나 사랑이라는 이름으로 한 몸이 되어 자식을 낳는다. 누군가의 도움이 없으면 아무것도 할 수 없는 작은 생명체를 위해 때로는 자신의 목숨도 아까워하지 않는 부모가 있는 반면, 원하지 않은 아이를 낳았다고 버리는 부모에 이르기까지 참으로 다양한 부모의 모습에 대한 이야기를 듣는다.

진로코칭을 위해 만난 20대 초반 남자 청년이 있다. 돌쯤 되었을 때 엄마가 직장 때문에 외가에 맡기고 떨어져 살았고 이후 동생이 생겼으나 장애가 있었다. 엄마는 아빠와도 사이가 좋지 않아 동생을 데리고 외국으로 가면서 3세경 다시 친가인 할아버지와 할머니 그리고 결혼 안 한 삼촌이 살고 있는 집으로 보내졌다. 그리고 아빠는 같은 건물에 살고 있었는데 가끔 집에 내려와 식사를 하는 정도였던 것 같다. 주 양육을 친할머니가 하고 있어서 이 청년은 아빠를 옆집 아저씨인 줄 알고 자랐다고 한다. 초등학교 들어가서 친아빠인 줄 알았고 가끔 데리고 여행을 다닌 정도가 아버지 역할의 전부였다고 기억한다. 초등학교 때까지는 가끔 엄마를 만나기도 했으나 바쁜 엄마로 인해 엄마 집에 가서도 엄마와 좋은 시간을 보낸 기억이 없다. 어려서는 자기표현도 잘 못하고 몇 가지 부적응적인 모습을 보였던 것 같은데 가족 중 누구도 주의를 기울이지 않은 듯하다.

신검 때 이상이 발견되어 정신병원에 내원하게 되었는데 심리검사 결과 지능지수가 평균 하에 해당하고 주의집중력도 부족하고 분노감과 만성 우울감이 높은 것으로 나와 있었다. 고등학교 때도 자살 소동을 벌이는 등 이상 징후가 있었음에도 단순한 청소년기 반란으로 여겼던 것이다. 부모로부터 아무것도 받지 못했다고 생각한 이 청년은 지금 아무것도 하지 않으면서 아버지에게 평생 돈을 받고 살 생각을 하고 있었다. 이 청년의 이야기를 몇 달 동안 들어주면서 삶의 의미를 찾아 주고자 상담 및 코칭을 하고 있다. 처음에는 아버지의 돈도 쓰고, 멀리 떠나서 보고 싶지 않은 마음에 캐나다 유학을 알아보고 있었다. 그러나 코로나로 인해 모든 것이 막히자 극심한 무기력감과 우울감에 사로잡혔다. 모든 상황이 자신의 선택과 잘못이 아님을 수시로 자각시키면서, 미래에 하고 싶은 일을 찾아가기 시작했다. 아직도 사고의 흐름은 상당히 부정적이고 상황 판단이 미숙하지만 이제는 말하고 싶은 것을 가감 없이 직설적으로 말하면서 자기 자신을 찾아가고 있다.

이 청소년을 보면서 그 부모의 모습을 유추해본다. 각자의 사정이 있겠지만 부모를 필요로 할 때 부모의 부재로 인한 어린아이의 마음속에서 무엇이 자라났을까? 먹고살기 힘든 집안도 아니고 그래도 강남에 사는 집에서 혼자 아이가 자라도록 내버려두고 자주 들여다볼 수 없는 부모의 상황이 무엇이었는지? 부모를 직접 면담하지 못해 부모에 대해 그 상황을 알 수는 없으나 의뢰를 한 삼촌으로부터 들은 이야기와 삼촌 자체의 언행으로 봐서 행복한 가족들은 아닌 듯하다. 이 청년의 미래를 생각하면 마음이 아파온다. 무엇이라도 하게 만들기 위해 아버지는 대학을 가면 용돈을 충분히 준다고 하니 지방 대학이라도 간다고 하고 있지만 공부할 마음은 별로 없고 집중력도 없다. 자기가 자살 소동을 일으켜야 아버지가 자기 말을 들어준다고 하면서 코로나가 걸려 병원에 누워 있고 싶다는 이 청년에게, 그럼에도 불구하고 좋은 인간관계를 통해 미래를 개척할 힘을 가지기를 원하는 마음이 간절하다.

부모가 됨을 연습하고 부모가 될 수는 없지만 부모가 될 수 있는 성숙함으로 성장할 수 있도록 청소년을 돕고, 부모가 되어 부모의 역할을 적절하게 할 수 있도록 길을 안내하는 역할을 하고 싶다. 얼마 전에도 엄마가 아이를 15시간 동안 차에 혼자 두고 자신은 밤새 술을 먹고 놀면서 방치하여 차에서 사망한 아이가 있다는 뉴스를 들으면서 안타까운 마음이 들었다. 제대로 양육받지 못한 아이들이 자라서 사회에 여러 가지 문제를 일으키는 많은 사례들이 아니더라도, 자신의 자녀조차 제대로 양육할 수 없다면 불행의 악순환은 계속되기 때문이다. 학교 현장에 들어가서 청소년들을 통해 듣는 부모 이야기가 모두 사실이 아닌, 청소년들의 왜곡된 이야기라 하더라도 안타까운 사례가 너무 많다. 드러나지 않는 가정까지 포함한다면 이 땅에 사는 얼마나 많은 부모와 청소년들이 행복하지 못한 것인가?

임신한 개가 원숭이 새끼를 입양하여 키우는 모습을 찍은 사진이 인터넷 사이트에 올려진 것을 보게 되었다. 서로 종이 다른 동물의 경우에도 어미를 잃은 새끼를 돌보는 이야기를 가끔 듣게 되는데, 만물의 영장이라고 하는 사람들이 자신의 자녀를 학대한다는 뉴스와는 상반되는 이야기이다.

이러한 뉴스가 들리지 않도록 할 수 있는 방법이 무엇일까? 내 개인의 힘으로 무엇을 할 수 있을까? 이 질문을 하면서 오늘도 나는 있는 자리에서 멈추지 않고 전진하려고 한다. 부모로서 그리고 상담과 코칭 전문가로서 비록 걸음이 느리고 앞서가는 사람들을 보며 위축이 들기도 하지만 우선은 내게 맡겨진 자녀들이 독립하여 자신의 길을 갈 수 있도록 하기 위해서, 그리고 나를 만나는 청소년들과 그들의 부모들이 좀 더 행복한 삶으로 이 땅을 살아가길 바라는 마음으로….

국형지

그럼에도
불구하고

세상에서 가장 아름답고 소중한 것은 보이거나 만져지지 않는다.
단지 가슴으로만 느낄 수 있다.

- 헬렌 켈러 -

코칭심리를 만나다

마음(心)… 소용돌이치는 불안함과 인간의 고독함… 나는 누구인가? 나는 어떻게 살아야 하는가? 삶과 죽음은 무엇일까? 사후세계는 있는가? 신이 있다면 왜 인간에게 고통을 주는가…? 답을 알 수 없는 생각들로 혼란스럽고 힘들기만 했던 시절, 학교 언덕 위의 십자가를 하염없이 바라보며 하루하루를 보냈다.

그러던 어느 날 문득 눈에 들어온 프로이드의 책들. 그가 누군지, 그가 말하는 자아, 초자아가 뭔지는 모르지만 그 알 수 없는 무언가가 나의 마음을 울리며 많은 시간들이 흘러도 내 마음속에 깊이 남아 있었다. 아마도 내가 가진 사람의 정신과 마음에 대한 관심과 호기심에 대한 답을 찾기 위해서이기도 했고 마음의 고통을 덜고 자유를 찾아 내 안의 나를 만나기 위해서이기도 했던 것 같다.

그렇게 시작된 프로이드와의 인연은 너무 힘들고 아프고 혼란스러워 잠시 멈추고 포기하고 싶은 때도 있었지만 지나온 세월만큼이나 겹겹이 쌓인 양파처럼 껍질을 하나씩 벗겨내도 보이지 않는 나의 깊은 무의식에 감추어진 '진정한 나'를 찾기를 갈구하는 나의 열망을 멈출 수는 없었나 보다.

지금도 내 안에 너무도 많은 자아들이 '나'인 양 페르소나를 쓰고 춤을 추다 넘어지기도 하고 다시 일어나 밖으로 뛰어 나오기도 하며 억압이라는 방어기제에 눌려 무의식에 깊이 다시 숨어 투사와 퇴행을 반복하며 내 안으로 더 깊숙이 스며들기도 한다.

어릴 적 대가족 가정에서 자라면서 유교적인 가풍으로 식사 때는 말을 삼가고, 웃어른들 앞에서는 무릎을 꿇고 예의 바르게 행동하며 다른 사람들에게 공손하게 말을 해야 하는 것을 배우며 행동해야 했다.

또한 두 집안의 장손녀로 동생들의 모범이 되는 행동을 보여야 하는 나는 고집이 있고 자존감이 아닌 자존심만 강한 나로 성장해온 것 같다. 나의 뜻을 굽히지 않는 고집 센 장녀로 동생들은 혼나지 않을 때도 나는 혼나면서 억울한 마음을 무의식 안으로 집어넣으며 분노, 좌절, 불안, 우울, 공포의 감정들로 마음의 상처를 받아 왔으리라. 성경의 고린도전서 13장 말씀 '사랑은 언제나 오래 참고' 은혜로운 찬송은 나의 인생곡이 될 만큼 오랫동안 그리고 이렇게 살아야 한다는 가치관과 신념이 되어 나의 초자아가 더 강해졌으리라 생각된다.

온갖 꽃들의 향기가 우리들의 마음을 설레게 하고 어느덧 담장 너머에 빨간 장미꽃들이 예쁘게 피어 있다. 그동안 살아온 나의 삶이 파노라마처럼 흐르고, 그 많은 시간들이 찰나로 느껴지며 이제는 모든 것을 내려놓고 싶어질 때 코칭을 만났다.

페스탈로치 선생을 존경하던 나는 아이들을 돕는 아동복지 일을 하면서 아이들과 함께하는 것이 너무 행복했다. 한 아이를 성장시키는 것은 많은 인내와 관심과 사랑이 필요함을 알게 하고, 인생의 삶과 만남의 의미, 가족의 의미를 깨닫게 했다. 힘들고 어려운 일이기도 했지만 아이들의 밝고 아름다운 마음을 찾아주고 싶은 나의 소망과 열정은 나에게 또 다른 사명감으로 이를 선교지라 여기며 일하게 만들었다. 불가능해 보이는 상황 앞에서 좌절하지 않고 두려워하지 않으며 불가능을 가능으로 바꾸는 것은 서로 신뢰하고 기다리는 믿음이라고 생각하며 어떤 어려움이 있어도 할 수 있다는 믿음을 가지고 감사함으로 일을 하였다. 그러던 중 건강과 모든 에너지가 소진되고 삶의 우여곡절을 겪으면서 전부터 내가 좋아하고 원하던 상담자로서의 길을 가고자 했을 때, 나에게 모든 것을 내려놓게 하셨다.

나에게는 쉼이 절실했고 누구를 도울 수도 나 자신도 지킬 수 없는 상황에서, 무거운 짐을 내려놓고 양쪽 날개를 펴 자유를 얻고자 하였으나, 두 날개를 고이 접어 쉬게 하셨다. 아무것도 할 수 없는 나의 아픔으로 산다는 것과 죽음의 여러 생각들로 힘들어 할 때, 고난 속에서 아픔과 억울한 마음의 욥(Job)은 어떻게 믿음을 가지고 하나님과의 관계를 회복할 수 있었는지, 성경의 욥기를 읽으며 하나님만 바라보고 의지하며 지낼 때, 내가 가장 좋아하는 교육심리학을 다시 만나게 되었다.

나는 인간의 마음에 대해 많은 관심을 가지고 있었고 삶의 변화와 더 의미 있고 행복한 삶을 살고자 원하였기에, 인간의 행복과 성장을 추구하는 긍정심리학과 새로운 변화와 성장을 지향하고 인간에 대한 기본적인 이해와 깊이 있는 통찰이 필요한 코칭심리학에 대해 관심을 가지게 되었다.

코칭에서는 사람을 누구나 온전하며 성장하고 싶은 욕구를 가진 존재로 보고 성장모델의 관점에서 접근하며 GROW 모델[7] 적용으로 코칭 대화를 통해 피코치 스스로의 변화를 주도한다.

그동안 복지와 상담 현장에서 목표를 세우면서, 상담자 중심에서 내담자 중심의 목표를 설정할 때, 더 구체적이고 실제적으로 실행 가능한 목표로 변화되는 것을 볼 수 있었다.

코칭을 배우고 경험하면서 긴장되고 떨리기도 하였지만 변화와 성장을 원하는 나를 발견하고 실행하면서 나에게도 많은 도움이 되었다.

여기 몇 가지 코치와 피코치로서 경험한 사례를 적어본다.

첫 번째 게리 콜린스의 모델로 한 크리스천 코칭은 피코치가 현재 있는 지점에서 하나님이 원하시는 지점으로 옮겨갈 수 있도록 안내하고

---

[7] GROW 모델: Goal-Reality-Option-Will

힘을 북돋아준다. 지금 나의 현재의 삶에 어떤 일들이 있는지를 인식하고 이해하는 시간을 가진다. 나의 경우에는 '잊어버린다', '아프다', '내려놓다'라는 말을 자주 사용하였다. 아무것도 할 수 없는 상황에서 예수 그리스도를 나의 마음 중심에 두고 다시 회복하고 싶은 나의 간절함을 들여다볼 수 있었다. 무엇을 할 때 가장 가슴이 뛰는지? 열정과 강점은 무엇인지에 대해 알아보는 시간을 가질 수 있었으며, 지난 몇 년 동안 아픔을 참으면서 내려놓고 잊고 있었던 나의 가치관을 다시 들여다볼 수 있었다. 신뢰를 중요하게 여기며 책임감이 있고 배려하는 마음, 경청을 잘하고 감동을 잘 받으며 책과 자연을 좋아하는 강점과 나에게 주어진 사랑과 섬김, 상담의 은사를 발견하였다. 나의 비전(Vision)은 하나님과 동행하는 삶, 예수님을 닮아가는 삶으로 생명 사랑, 예수님의 사랑을 전하는 믿음의 가정을 세우며, 꿈과 희망을 주고 마음을 치유하는 코칭심리 상담사가 되는 것이다. 코칭을 통해서 나의 비전을 다시 세우게 되었다.

두 번째 코칭은 NLP 코칭기법[8]으로 자신감이 가득 찬 나의 모습이나 경험을 상상해본다면 언제, 어떤 모습이었을까? 를 생생하게 떠올려보았다. 나는 소아청소년 정신과 외래에서 일하던 시절과 나의 꿈이었던 아동복지 일을 했을 때가 떠올랐다. 그때의 희망과 보람이 오롯이 몸과 마음에 느껴지는 듯했다. 그때 느끼는 감정을 색으로 표현하려 했을 때는 정말 환하고 밝은 빛이 나며 팡파르(Fanfare)가 울려 퍼지는 것 같았다. 지금 그 느낌에 들어가면 어떤 감정이 드는가? 를 떠올리니 '평안과 기쁨'의 감정을 느끼며 긍정의 에너지가 끓어 올랐다.

---

8 NLP: Neuro-Linguistic Programming(신경-언어프로그래밍)

코치와의 라포(Rapport)가 잘 형성되어 신뢰감을 가지고 편안하게 나에 대해 탐색하도록 과정을 잘 이끈다면 NLP 코칭을 통해 긍정 에너지를 올려서 앞으로의 삶이 더 좋은 방향으로 나아갈 수 있도록 하는 데 도움이 되는 코칭이었다.

세 번째 코칭은 강점과 단점, 가치 찾기를 통해 자신감을 갖도록 도움을 주는 코칭이다. 가치(Value)는 자신의 삶에 있어서 가장 중요하고 의미 있는 것이 무엇인지 알게 해준다. 또한 자신의 중요한 가치를 찾게 되면 삶의 방향과 중심을 가지고 자신의 신념에 맞는 행동을 할 수 있게 된다. 나는 이 코칭을 통해 사랑이라는 큰 가치를 우선으로 생각하며 사랑을 실천하는 것, 나 자신이 행복하면 가족들도 행복한 것을 알게 되었다. 나의 존재 가치를 확인하면서 나 자신에 대해 조금 더 명확해졌다. 이상적인 미래의 모습을 코치와 서로 나누면서 소리 내어 말로 표현하고 이미지로 상상하면서 미래 의식이 더 확장되도록 하고 코칭을 통해 자신감을 갖도록 지지하고 격려해주었다.

나에게 코칭은 내가 원하는 길을 스스로 찾아가도록 도와주는 나침반과 같다. 내가 진정 원하는 것이 무엇이며 변화하고자 하는 것이 무엇인지, 새로운 관점을 가지고 스스로 문제를 발견하고 해결하며 실행하도록 돕는 것이다. 온전한 누군가의 무한한 자원과 잠재력을 찾아 끌어 올려주어 변화와 성장을 하도록 도움을 주는 것, 나는 늘 누군가에게 그런 코치가 되기를 갈망한다.

나의 고난과 역경으로 힘이 들 때 나의 마음의 중심에 성경 말씀(데살로니가전서 5:16-18)으로 세우며 그럼에도 불구하고 살아 있음에 감사하며.

나의 인생 영화를 만나다

학교 들어가기 전 어린 나이에 영화를 좋아하시던 외할머니의 손을 잡고 처음 영화관에 가서 영화를 보았다. 아주 무서운 공포 영화였지만 TV로 보던 나의 작은 세상에서 또 다른 세상을 경험하였으며 영화 몇 장면과 배우 이름들은 오랫동안 나의 기억 속에 남을 정도로 신세계였다.

지금은 영화관에서 팝콘, 과자, 음료수가 인기이지만 예전에는 외할머니께서 사주시는 연양갱을 먹고 스피어민트 껌을 씹으며 보는 영화는 즐거움을 더해주었으며 외할머니와 같이 간다는 것이 마냥 좋았다. 어려서부터 별로 말이 없던 나는 "할머니 나 영화 보러 가고 싶어"라는 말을 먼저 해보지 못했다. 저녁이면 외할머니 영화 보러 갈 시간에 방 근처에서 괜히 어슬렁거리며 눈 한 번 쳐다보고 마음속으로 할머니 나 영화 보러 가고 싶다고 말하고 싶은데 못하였다. 영화관에 가지 못하는 날에는 슬퍼서 혼자 마음으로 울며 꿈속에서나 말을 하였을까?

그런 영화에 대한 갈망을 초등학교 들어가 방학이 되면 외갓집에 가서 사촌들과 동생들을 데리고 영화관들의 앞을 기웃거리다 영화를 보기도 하였다. 어느 날 외갓집 바로 옆에 있는 영화관에 가서 대담하게 혼자서 영화를 보다 나를 찾는다는 방송을 듣고 집에 돌아와 나의 잘못한 행동에 용서를 빌기도 하였다. 추운 겨울날 영화관 앞에서 쪼그리고 앉아 만들어 먹던 맛있는 달고나와 붕어빵은 지금은 사라진 시골의 영화관 풍경이지만 나의 꿈속에 아름다운 추억으로 나타나기도 한다. 외할머니께서 맛있는 것 사먹으라고 주신 용돈을 이모와 조카인 우리들은 먹고 싶은 고기보다 영화를 택하여 모두 함께 성룡의

〈취권〉을 재미있게 보고 한동안 취권 흉내를 내는 동생들과 재미있게 이야기꽃을 피우기도 하였다.

당시에는 가끔씩 영화관 앞에 학교 선생님들이 지키고 있을 정도로 규율이 엄하여 영화를 보는 것은 자유롭지 못했는데 학교에서 단체로 보는 너무 보고 싶었던 〈쿼바디스〉를 어머니에게 거절당하고 보지 못했던 기억이 못내 아쉬움으로 남는다. 그래도 우리에게는 주말의 명화가 있었다. 주말이면 영화를 보기 위해 기다렸고 좋아하는 배우들의 연기와 촬영 영상들과 영화를 연출한 감독에게 감탄하며 다른 나라의 문화와 가보지 못한 곳을 간접적으로 경험하기도 하며 상상의 날개를 펼치기도 하였다.

슬픈 영화를 보거나 감동적인 장면을 보면 눈물을 흘리기도 하고 〈고교 얄개〉 시리즈를 보며 내 안에 숨어 있던 밝은 마음이 올라와 마음껏 웃기도 하며 추리영화를 보면 땀이 날 정도로 손을 꽉 쥐며 앞으

로 어떻게 진행될지 긴장하면서 예측해보기도 하였다.

혼자 좋은 영화의 주제가를 외워 따라 부르기도 하면서 영화는 나의 내면에 숨어 있는 기쁨, 슬픔, 불안, 우울, 공포의 감정들을 표현해주고 위로해주었다.

나는 마음을 따뜻하게 해주고 마음 깊이 감동을 주는 영화들을 좋아하는데 그 많은 영화들 중에서 잊지 못하는 영화들이 있다.

어느 날, 초등학생이었던 딸이 〈사운드 오브 뮤직(The Sound of Music)〉 영화를 보고 자신이 가장 좋아하는 영화라고 말할 때 마음속으로 놀라워하며 "엄마가 가장 좋아하는 영화인데 너도 좋아하는구나"라고 말하면서 서로 공감하며 줄리 앤드류스의 청아한 목소리로 들려주던 '에델바이스(Edelweiss)' 노래를 딸에게 불러주고 같이 배워보며 같은 영화를 좋아하는 딸과 함께 몇 번이고 같이 보는 나의 첫 번째 인생영화이다.

또 다른 영화는 〈뷰티풀 마인드(A Beautiful Mind)〉이다. 평소에 인간의 정신과 마음에 관심이 있고 조현병에 관한 영화여서 감독이 아름다운 마음을 어떻게 표현하여 연출했을지 궁금했다. 최근에 영화심리를 공부하며 이 영화를 다시 보게 되었는데 선에 이해하지 못한 인간의 내면과 조현병과 같은 이상심리에 대해서 깊이 이해할 수 있었다.

이 영화는 천재 수학자 존 내시(John Nash)의 실화를 바탕으로 만들었으며 존 내시는 수학에 있어서는 천재성을 발휘하지만 대인관계의 어려움이 있고 자기만의 세상 속에서 산다. 자신이 연구하고자 하는 것에 대한 압박감으로 스트레스를 받으면서 증상이 심해져 환각, 망상, 혼란스러운 생각, 비정상적 행동을 보이고 일상생활이 어려워져 조현병 진단을 받았다. 조현병의 증상을 가지고 있지만 치료하면서 친구와 가족의 도움으로 사회에 적응하면서 살아가고 내시균형 이론으로 1994년 노벨 경제학상을 받기까지 인생을 그린 감동적인 영화이다. 이 영화의 영향으로 정신보건을 공부하고 아동복지 일을 하면서 관련된 일을 하는 계기가 되기도 했다.

영화는 어릴 적 말을 잘하지 않았던 나의 내면에서 상상의 날개를 펴고 나를 표현하려 했고 어느 때는 담대하게 행동하게 하는 나의 모습이며 추억의 저장소이기도 하다.

나의 소중한 추억의 저장소인 영화는 그 시절을 잘 반영해주기도 하지만 인간의 심리와 내면의 감정을 잘 표현해주어 나의 심리와 코칭 공부에 많은 도움을 주는 선물이기도 하다.

존경하는 당신을 만나다

내가 어렸을 적
너무 강하고 무서웠던 어머니,
순하면서도 말도 하지 않고 고집을 피우는 나를
야단치실 때는 누가 이기나 했어요.
저도 어머니를 닮아 강했지요.
다른 사람들에게 해(害)가 되지 않도록 행동하고
늘 겸손과 배려하는 마음으로
신뢰를 중요하게 여기셨던 어머니,
내가 어디에서든지 당당하게 살 수 있었던 이유이지요.
어떤 어려움이 있어도
자식 고생시키지 않으려

어려운 일도 마다하지 않고
혼자 짐을 짊어지고 헤쳐 나가셨던 어머니,
저도 그 짐을 나누어 지고 싶었지만 마음뿐이었지요.
아프신 외할머니를 대신해
많은 동생들을 돌보았던 어머니,
이제는 아픈 딸을 위해
무엇이든 해주시는 어머니,
제가 지금까지 살 수 있는 이유이지요.
항상 밝게 웃으시며
이웃들에게 어려움이 있으면 도와주고
좋은 친구가 되어 주셨던 어머니,
그런 어머니의 모습을 보고 자라서인지
어려운 아이들을 위한 일을 감사함으로 할 수 있었지요.
어떤 어려움도 이겨내는 강한 어머니,
어머니 옆에는 항상 많은 사람들이 있었지요..
그런 어머니와 함께 하고 싶은 어린 나는
어머니에게 침묵하며 화를 내기도 하였지요.

나의 깊은 내면에서
어머니는 아픔이고 슬픔이었습니다.
그런 어머니가 싫어
그렇게 살지 않으려고 했는데
나의 모습에서
어머니를 닮아 살고 있는 나를 바라봅니다.
어머니를 닮아
유머가 있는 남동생과는 다르게

저는 천성이 살갑게 다가가지 못해
미안할 때가 많았습니다.
너무 힘들어 책임감을 내려놓고 보니
항상 나의 마음속에는
강한 어머니라고 생각했었는데
어머니도 연약한 한 여인이었음을 알았습니다.
어렸을 때부터 잦은 감기로
저를 업고 병원에 다니셨던 어머니,
오래간만에 집에 오면
내가 좋아하는 음식들을 해놓으시며
먹는 모습에 좋아하셨던 어머니,
어머니에게 미안함과 감사함을 전합니다.

어느 날
딸의 눈을 잘 쳐다보시지 않는 어머니에게
어머니도 딸이라는 이유로 사랑받지 못했음을 알고,
친구들하고 놀고 싶은데 어린 동생들과 가족들 돌보느라
마음껏 즐기지 못했음을 알고,
많은 사람들이 어머니를 좋아하고 도움이 필요하여
나만의 어머니가 될 수 없음을 알고,
어머니와 성격도 다르고 행동도 달라 힘들었던 관계를
어머니를 닮은 점도 많이 있음을 알고,
그럼에도 불구하고
나는 어머니를 존경하고 사랑합니다.
점점 기억을 잊으시는 어머니에게
좋아하시는 드라마와 트로트 노래를 같이 하면서

설명해주고 또 설명해주면서
어머니의 옷자락을 잡고 놓지 못하는 딸과
믿음 주는 착한 사위와 예쁜 손녀딸과 서로 같이하면서
어머니께서 건강하시고 행복하게
오래 함께하시기를 기원합니다.

작은 돌멩이는 손 안에 쥘 수 있지만
아주 큰 바위는 손에 잡을 수 없고 품을 수도 없구나.

어머니의 큰마음을 담으려 했으니
이 또한 어리석은 마음이 아니었을까?

강렬한 태양의 햇빛과 바람과 비와 천둥 번개를
넓은 마음으로 견디며

그 자리를 지켜온 큰 바위를
어떻게 나의 작은 마음으로 잡을 수 있을까?

존경하는 어머니, 그럼에도 불구하고,
감사하고 사랑합니다.

지금 이 순간, 자유를 만나다

집단 상담 시간에 나의 이름은 '자유'였다. 세월이 흘러가면서 나의 이름에도 변천사가 있지만 이번에는 '자유'라는 이름으로 진정한 나를 찾아보고 싶었다. 몸을 움직이고 춤을 추며 모든 억압에서 풀려나 자유롭게 날아가기 위해 몸과 마음을 맡기며 있는 그대로의 나의 존재를 느끼고 마음의 평안을 갖는 시간이었다.

지금 이 순간,
나를 찾는 여행에서 서로의 거울을 비추어주며 나, 너, 우리를 발견하고 진정한 나를 찾아 자유를 얻는다.

지금 이 순간,
나의 깊은 내면의 무의식에 숨어 억압되어 있는 부정적 감정들 불안, 분노, 공포, 우울, 좌절, 열등감, 시기심, 질투 등을 하나씩 불러내어 나의 앞에 마주하며 힘들었을 나를 안아준다.

"괜찮아. 다 잘 될 거야. 사랑해."

아름다운 마음

푸른 나뭇잎 사이로 하늘을 가리지 못해
내 마음 날아갈까
얼른 작은 손으로 가려봅니다.

손가락 사이로 새어 나온 푸른 마음
하얀 동심으로 숨어보지만
자연의 넓은 마음을 어찌할 수 없지요.

같은 하늘 아래 우리 한마음
순수하게 맞이합니다.

자연이 머무는 풀숲 사이로
내 마음도 깃들어갑니다.

김덕아

살아가는 것이
아니라
살아내는 겁니다

불행의 아이콘이었던 내가 행복을 나누는 코치가 된 사연

몇 해 전까지만 해도 나는 열등감투성이에 자존감도 아주 낮았었다. 아침에 일어날 때면 '왜 눈이 뜨이는지'가 원망스러웠으며 잘 때면 '이대로 영원히 잠들었으면 좋겠다'는 생각도 했다. 남들은 나를 보고 예쁘다고 하는데 나는 그렇게 느껴 본 적이 없었다. 가식으로 들렸다.
그러나 지금의 나는 완전히 달라졌다.
나르시시즘이 있는 사람으로 바뀌었다고나 할까? (사람들이 뭐라든지 상관없다.)
예전엔 지금처럼 행복했던 때가 없있다. 지금은 하루하루가 행복 그 자체다. 행복 불감증에 걸렸던 여자가 행복한 여자로 바뀌게 된 건 기적이다. 그런데 세상에 눈을 뜨고 보니 나처럼 열등감에 둘러싸여 행복 불감증을 갖고 사는 사람들이 너무 많이 보였다. 내 소망은 내가 알게 된 행복의 비결을 다른 이들도 깨달아 나와 같은 행복의 세계를 살았으면 하는 것이다. 내가 깨닫게 된 행복의 비결은 '삶이란 살아가는 것이 아니라 살아내는 것'이었다.

그 첫 출발은 2006년 웃음치료 교육을 받으면서였다. 낯설기도 하고 무슨 광신자들 모임 같은 교육이었는데 교육을 받고 나니 내 속에서 어떤 에너지가 솟아가는 것을 느꼈다. 뭔가를 배운다는 것의 기쁨과 행복을 처음으로 느낀 것이었다. 이후, 개인적으로 여러 교육을 받으러 다녔다. 연가를 내면서까지 때로는 토요일, 일요일 휴무에 광주로, 전주로, 서울로, 경기도로 다녔다. 그런 나를 보고 지인 중 하나가 발정 난 수캐마냥 쏘다닌다고 핀잔을 주었다.
그러던 중 지금은 내가 사부님으로 모시고 있는 이병준 박사님을 알게 되면서부터 가속도를 높이게 되었다. 그는《남편 사용 설명서》,

《아내 사용 설명서》,《행복시소》,《다 큰 자녀 싸가지 코칭》,《니들이 결혼을 알어?》,《왕이 된 자녀 싸가지 코칭》 등의 저자이고 강연전문가로서 유명하신 분이다. KBS 〈아침마당〉의 목요특강 등 방송에도 많이 출연하셨다. 광주에서 열리는 교육과정 강사로 오셨는데 나는 그분 교육프로그램에 참여한 후 그의 강연에 매료되어 그분의 강의라면 무조건 신청했고 들은 과목을 재수강까지 했다. 배우는 것이 너무 재미있었다.

어느 날 여름, 그가 서울에서 'After Call 강사 워크숍 과정'을 무료로 열어 주셨는데 얼마나 반가웠는지 모른다. 정말 내가 열망하던 강의 주제인 데다 무료로 해준다니 나로서는 최고의 기회였다. 나는 연가를 내어 교육에 참여하게 되었고, 사부님의 가르침을 일대일로 제대로 받게 되었다. KTX를 타고 그 먼 길을 다녔지만 오가는 비용과 시간이 아깝다는 생각이 털끝만치도 들지 않았다. 먼 곳에서 연가까지 내가며 혼자 올라와 교육을 받으려는 내 마음이 이쁘고 기특하게 생각되어서 흔쾌히 도와주셨다고 했다.

아무것도 모르는 아마추어를 하나부터 열까지 일일이 가르쳐 주면서 프로페셔널한 모양새를 갖추도록 하기까지 답답한 부분도 많으셨을 텐데 늘 친절하고도 자세하게 가르쳐주셨다. 기본적인 문장쓰기부터 시작해서 글을 연결하는 법, 전체 흐름을 만들고 핵심을 주는 법과 강의안 작성하는 법도 배웠다. 그리고 글을 쓸 때의 원칙 같은 것도 늘 마음에 새기도록 해주셨다. 이를테면 "초고는 쓰레기다. 그러니 처음 쓴 글의 완성도에 목숨을 걸지 말라" "글을 잘 쓴다는 개념보다 잘 다듬는다는 개념이 중요하다. 하나의 원고를 천 번까지 퇴고(고쳐쓰기)할 각오를 가져라"와 같은 것들이었다. 그리고 내가 글을 써서 보내면 일일이 첨삭지도를 해주셨다. 그 덕분에 글감을 글로 만들고 문장을 만들고 이어가는 작업을 제대로 할 수 있었다. 나에게는 정말 특별한 경험이었다.

내 인생이 통째로 바뀌게 된 계기가 바로 그때였던 것 같다. 아무것도 몰라 부끄러웠지만 나는 그냥 막 들이댔다. 사부님이 늘 강조하신 것이 있다. 무엇이든 열심히 도전하고 실행하라고 하셨다. 왜냐하면 열정적인 사람이 어떤 일을 할 때 그 사람의 능력이 부족하면 다른 사람이 그 부족한 부분을 채워 주기 때문이라고 하셨다. 그래서 인생에서 성공하는 이들 중에는 계산하는 똑똑이보다 용기 있게 첫 발을 내딛는 무식이가 더 많다고 하셨다. 그러면서 사부님은 사람이 성공하고 행복하려면 반드시 특별한 고등학교와 대학교를 나와야 한다고 말씀하셨다. 그 말에 나는 박장대소하며 공감했고 어느새 내 삶의 철학으로 삼고 있다. 그 고등학교의 이름은 '저스트 高(JUST Go!)'이고 대학의 이름은 '들이대'이다. 무슨 일을 하든 일단은 시작하면 되고(JUST GO!) 어떤 일을 만나도 직면하면(들이대) 되는 것이다.

절대긍정을 하면 행복해지고, 행복해지면 용서하지 못할 용서까지도 용서가 되더라.

우리 인생은 살아가는 것이 아니라 살아내는 것이다. 나도 내 속에 잠재된 에너지를 보고 놀랐다.

사람들은 삶을 얼마나 긍정적으로 살아갈까?

삶을 긍정과 부정으로 나눈다면 몇 대 몇으로 나누는 게 가장 좋을까? 하지가 되면 낮이 길고 밤이 짧고 동지가 되면 밤이 길고 낮이 짧다. 그렇게 낮과 밤이 모여 하루가 된다. 사람도 마찬가지다. 어떤 사람은 낮이 길고 밤이 짧은가 하면 어떤 사람은 낮이 짧고 밤이 길다. 그렇다고 낮만 계속되거나 밤만 계속되지는 않는다. 나는 내 인생이 늘 어두운 밤이라고 생각했다. 그러나 낮이 상대적으로 조금 짧았을 뿐, 내 안의 해는 언제나 비치고 있었다. 늘 부정적인 것 같았지만 내 안에도 긍정의 에너지가 있다는 것을 느낄 수 있었다. 어쩌면 그것은 사회생활을 통해서, 가족이 아닌 다른 사람들을 통해서 더 증명이 되었다.

나는 나 스스로가 내 안에 '절대긍정인자'가 존재하고 있는 것을 느낀다. 실제로 경험하고 있다. 모든 사람들이 인생을 살아가면서 자기만의 스토리가 있을 것이다. 나 역시도 인생 스토리가 있다. 그것들을 겪어내면서 절대긍정을 배웠고, 계속적으로 배우면서 변화와 성장을 멈추지 않고 있다. 나도 모르게 스스로 셀프 코칭을 하고 있었던 것이다.

나의 중고등학교 학창 시절은 그리 행복하지 않았다. 공부는 안 하고 맨날 교회만 다닌다고 부모님께 늘 야단을 맞았다. 사실 그때는 교회가 내 삶의 전부였다. 교회에서는 늘 웃을 수가 있었다. 교회 형제, 자매들과 어울려 다니면서, 전도하고 놀러 다니고, 목사님, 사모님 아이들과 함께 지낸 시간들이 정말 행복했다. 교회에 있을 때만큼은 지긋지긋한 집 생각이 나지 않았다. 나를 알아봐 주고 좋아해주는 사람들이 있고 무엇보다 하나님이 나를 아시고 사랑한다는 그 사실이 감격스러웠다. 오죽하면 고등학교 3학년 땐 오로지 신학대학만 가겠다고 했을 정도였을까. 그것 때문에 선생님들은 물론 특히 부모님들로부터 엄청난 핍박을 받아야만 했다.

결국 신학대학을 가진 못했는데 그 이유는 녹록지 않은 살림으로는 진학이 불가능했기 때문이다. 그래도 대학은 가고 싶어서 부모님께 시위도 해보고 별짓 다 해봤지만 나의 맘처럼 되지 않았다. 학교 갔다 돌아와서는 말도 없이 동네 친구 집으로 가서 놀다 거기서 자고 아침에 와서 밥도 굶고 학교에 가 버리는 그런 생활을 거의 매일 반복했었다.

우리 집에는 위로 언니 둘, 오빠 둘이 있다. 바로 위 오빠는 나와는 아홉 살 터울이다. 나는 막내였기 때문에 온실 속 화초처럼 자라 손에 물 한 방울 묻히지 않고 공주처럼 자랐다.

큰오빠는 승려다. 그뿐 아니다. 큰언니는 점상을 받은 무당이다. 내가 어렸을 때에는 그것이 무엇인지 잘 몰랐다. 지금도 큰언니는 그 일을 업으로 하고 있다. 이런 상황이었기 때문에 신학대학은 포기해야만 했다. 어린 마음에 아버지 앞에서 많이도 울었다. "왜 우리 집은 이러냐구요… 이 모양이냐구요." 이런 집안 상황 때문에 내성적이 되었고, 남들 앞에 나설 수 없는 아이가 되었다. 한참 사춘기 시절인데, 친구들 앞에서 창피하고 늘 부끄러웠다. 집안의 반대로 신학대학은 가지 못했고, 일반 대학은 아예 가려고 생각조차도 하지 않았다. 이런 것들이 남들에게는 힘들지 않게 보였을 수도 있지만, 사춘기 시절을 무척 힘들게 보냈다. 우리 큰언니와 큰오빠는 지금까지도 저런 상황이지만 나는 기독교 신앙인으로 살아가고 있다. 남들이 봤을 때 이기주의 같지만 내가 믿는 그분 때문에 지금까지 잘 살아내고 있는 것이 다행이라고 생각한다. 신앙이 있었고 긍정적으로 받아들였기에 회복탄력성이 생긴 것이다.

사춘기 때에는 힘들었지만 지금은 자아가 어린아이가 아닌 어른이 되어 많이 성숙되었기 때문에 아무렇지도 않다. "그래 내 가족인데 어떡하겠어?"라고 받아들이게 되니까 이 정도 부끄러움 따윈 남들 앞에 털어놓아도 심리적으로 아무런 문제가 되지 않았다.

대부분의 사람들이 긍정보다는 부정을 먼저 떠올리는 것이 당연한 건데 말이다. 고등학교 졸업을 하고 지긋한 시골을 벗어나고 싶어서 서울에서 공장 생활하는 공순이라도 되어야겠다고 마음먹었다. 그런데, 당시 우리 교회 장로님께서 영암군청에 취직을 시켜주셨다. 덕분에 고등학교를 졸업하자마자 군청에 취직이 되었고, 시골에서 출퇴근이 불편해서 군청 근처에서 자취를 하면서 생활했다. 매일 김치와 계란 프라이로만 끼니를 때웠다. 할 줄 아는 것이 아무것도 없었기 때문이었다.

고졸이고 아직은 어린 나이라 군청에 들어와 일용직으로 근무하기 시작했다. 1990년대 초, 실과소에는 여직원이 한 명씩 있었는데, 그 당시는 지금처럼 컴퓨터가 많이 보급되지 않았기 때문에 나와 같은 일용직이 주로 하는 일들은 직원들이 수기로 기안문을 작성하면 여직원들은 컴퓨터로 그것을 타이핑하고 복사를 해서 산하 11개 읍, 면으로 보내는 일을 주로 했다. 지금처럼 직원들 한 사람당 컴퓨터가 한 대가 있는 것이 아니고 실과소에 컴퓨터 한 대나 두 대쯤 있었던 시절이었다. 그래서 하루 종일 컴퓨터 앞에서 워드만 친 적도 있었다. 그래도 지금 생각해보면 즐겁고 아련한 추억이다.

철모르고 했던 결혼, 또 너무 순진하기만 했던 20대

내 나이 23살, 군청에서 근무한 덕분에 신랑을 만났다. 지금 남편은 오랫동안 군청에서 근무했고 성실성과 능력을 인정받아 젊은 나이에 지금 면장으로 발령받아 주변 사람들로부터 잘나가는 사람이란 부러움을 받고 있다. 내가 남편을 만났을 때 그의 나이는 서른이었고 그는 결혼 상대자를 물색하고 있었던 때였다. 그의 눈에 든 나는 어린 나이에 영문도 모르고 코가 꿰인 거나 다를 바 없었다. 아마 두 살만 더 많았어도 분별력이 생겨서 넘어가지 않았을 텐데 말이다.

그 당시 우리 교회 목사님께서는 자주 군청에 나를 찾아오셨다. 신랑이 교회를 다니지 않았기 때문에 결혼을 만류하셨다. 나이 차이가 많이 나는 까닭에 다른 사람들은 남편을 '도둑놈'이라고 했고 어린 나를 두고는 "얌전한 고양이가 부뚜막에 먼저 올라간다더니"라고들 수군댔다.

그렇게 아무것도 모르는 어린 소녀가 5개월 연애하고 결혼하여 딸, 아들 하나씩 낳고 행복하게 살고 있었다. 그런데 어느 날 나로서는 감당하기 어려운 일이 터졌다. 첫째 딸을 임신했는데 입덧이 너무 심해서 임신 3개월 때 직장을 그만두고, 이후 5년 정도 집에 있을 때의 일이다. 그 당시에 일반 가정주부는 신용카드를 만들기가 쉽지 않았다. 그래서 내가 만들어놓고 쓰지 않는 카드를 언니들에게 주면서 쓰되 결제는 알아서 잘 하라고 했었다. 그런데 언니 두 사람이 카드를 과다하게 사용하여 카드 주인인 내가 신용불량자가 될 위기까지 오고 말았다. 연체된 카드 결제비 때문에 신용카드 회사에서 날마다 집으로 계속 전화를 했다. 이런 생활이 반복되니 전화벨 소리만 들어도 가슴이 철렁 내려앉았고 전화 노이로제에 걸릴 정도였다. 이런 상황 때문에 우울증까지 생겼다. 급기야 아무도 없는 낮에는 전화선 코드를 빼놓고, 신랑 오는 시간에 전화코드를 연결해놓았다. 매일 이런 생활이었다. 남편 모르게 2년 정도를 그 당시 돈으로 20만 원씩을 갚아나갔는데 생활비 20만 원이 새나가니 생활이 말이 아니었다. 너무 힘들었다. 1천 원으로 일주일을 버틴 적도 있었다. 어느 누구에게 말 못 하고 혼자서 해결하려 해도 해결할 수 없었다.

정신적인 고통이 너무 심해서 6개월 동안 새벽예배를 계속 다녔다. 그때 당시 집에서 교회까지의 거리는 자가용으로 25분 정도 걸렸다. 제발 어떻게 좀 해달라고 기도를 했지만 아무리 주위를 둘러봐도 해결해줄 수 있는 사람은 아무도 없었다. 그래도 새벽 기도회에 가서 실컷 울고라도 나면 평온이 찾아온 것처럼 마음이 차분해졌다. 그렇게 6개월을 살아냈다. 6개월을 지나고 나니 체력이 고갈되고 말았고 결국 병원에 실려가 링거 수액까지 맞게 되었다.

이런 힘든 시간 속에서도 어떻게 견디어냈는지, 지금 생각해보면 그 또한 감사한 마음이 든다. 언니들의 생활도 넉넉지 않았기 때문에 갚아달라고 해도 그럴 상황이 못 되었다. 그래서 어쩔 수 없이 연금이며, 적금을 모두 해약했고 갚아도 턱없이 부족한 상태였기에 당시 결혼 예물이며, 애들 돌 반지, 목걸이며, 금붙이는 죄다 팔아서 처분해 돈으로 바꾸었다. 어떻게든 혼자서 해결해보려고 아등바등 애를 썼지만 쉽지 않았다.

그런데, 카드발급 당시 주소인 군청으로도 계속 독촉전화가 걸려오는 바람에 남편이 그 사건의 내막을 알게 되었다. 남편이 알게 되면서 난리가 날 수도 있었는데 고맙게도 남편은 난리를 치는 대신 일부분을 정리해주어 사태는 일단락되었다. "다음부터는 절대로 그런 일 하지 마라"는 한마디뿐, 오히려 차분하고 침착한 남편이 더 무섭게 느껴졌다. '부부는 무촌이라더니 그래도 남편밖에 없구나. 남편은 속 깊은 사람이구나'라고 다시 한번 남편이란 존재의 의미를 새롭게 생각했고 남편이 고마웠다.

결과적으로 아파트 한 채 전세 값을 날린 셈이었다. 남편이 일 처리를 해주지 않았더라면 나는 신용불량자가 되었을 것이고, 군청에 온갖 추한 소문이 나돌았을 것이고 몇 푼 되지 않은 내 월급은 차압되어 손에 쥐어보지도 못했을 것이다. 생각만 해도 끔찍하다. 떠올리기조차 싫다. 그 이후 경제적으로 힘들었기에 나는 다시 직장생활을 하게 되었다.

회복탄력성

돌이켜보면, 나는 견뎌내고 이겨내는 힘이 누구보다 강하다. 긍정의 힘이다. 스스로 생각해도 놀랍다. 그런데 이것은 나뿐 아니라 모든 사람에게 다 있다. 그것을 심리학에서는 회복탄력성이라고 한다. 김주환 저자의 《회복탄력성》에서 회복탄력성이란 '원래 제자리로 되돌아오는 힘을 일컫는 말로서 회복력, 즉 다시 튀어 오르는 성질'을 말한다. 그렇지만 사람마다 회복탄력성에는 차이가 있다.

어린 시절, 부모나 가족들로부터 헌신적인 사랑과 신뢰를 받고 자란 사람은 회복탄력성이 높다고 한다. 그렇다고 회복탄력성이 어린 시절의 경험에 의해서만 결정되는가? 다행히도 그렇지 않다고 한다. 이후 많은 연구는 어른이 된 이후에도 스스로의 노력과 훈련에 의해서 회복탄력성이 높아질 수 있다고 밝혔다. 또, 회복탄력성은 남성보다 여성이 더 높다고 한다. 그것을 봤을 때 나는 회복탄력성이 높다. 카드 연체사건을 겪을 때에도 긍정의 단어를 생각하지 않았으면 언니들이 나의 가족들인데, 원수보다도 더 못한 그런 사이가 되었을 것이다. 그런 힘든 역경 덕분에 내가 더 성장한 것이다. 힘든 과거의 일들에 대해 '덕분에'로 생각하고, 감사하는 마음을 갖고 그만큼 긍정적 기억을 강화시키게 되고, 과거의 나쁜 일들을 용서하는 법을 익히며 과거의 고통에서 헤어날 수 있음을 배웠다.

그래도 나는 오뚝이였다

지금은 언니들과 아주 좋은 사이로 지내고 있다. 사이가 좋을 수 있는 것은 누군가는 진득하게 삶의 중심을 잡고 있어서다. 내가 중심을 잡고 있으면 다른 관계는 자동으로 정리가 된다. 마치 어린 아기를 위한 모빌처럼. 어느 하나만 잡고 있으면 나머지는 자연스레 멈춰 서게 된다.

또다시 몇 년이 흘렸다. 옷깃만 스쳐도 인연이라 했기에 40년의 삶을 살아오면서 사람과의 인연을 늘 소중하게 생각했다. 그런데 그것 때문에 도리어 뒤통수를 얻어맞았다. 제일 믿었던 나의 멘토에게 배신을 당했다고 볼 수 있다. 제3자에게 주식 투자를 한 것이었다. 처음에 그는 나에게 6~700만 원의 수익을 얻게 해주었다. 주식에 주 자도 몰랐던 나는 공돈을 얻는다는 것이 정말 좋았다. 몇 개월이 지난 뒤 주위에 불쌍한 영혼들 있으면 투자하라고 하기에 나는 정말 순수한 마음에 내 친구와 직장 동료에게 투자를 해보라고 권했다. 셋이서 모두 합해서 1억 원을 투자했다.

지금 생각해보면 쪼그만 여자가 어디서 감히 겁도 없이 남편에게 의논 한마디 없이 그런 일을 저지를 용기가 있었는지 모르겠다. 친구랑 동료에게는 "나만 믿고 투자해보라. 나중에 일이 생기면 내가 책임질게"라며 큰소리쳤는데, 결국에 시한폭탄처럼 터져버렸다.

어떻게 할지를 고민하면서 혼자 2~3년간 너무너무 힘든 날들을 보냈다. 직장은 나에게 직장이라기보다 고문실이었고 하루하루 근무는 고문을 견디는 것이었다. 카드로 돌려막기를 하며 버티기는 했지만 너무 힘들고 지쳤다. 너무 힘드니 사채를 쓸까 하는 생각까지도 들었다. 가장 가까운 친구가 그것만은 하지 말라고 적극 만류했다. 사채를 쓰면 그날로 인생 끝장난다고 그것만은 안 된다고 했다. 남편 몰래 저지른 일이라 혼자서 해결하려니 더 미칠 것만 같았다. 더 속을 뒤집는 것은 멘토라는 사람의 파렴치한 행동이었다. 피해자는 뒷전이고 본인의 차를 고급 외제승용차로 바꾸는 등 너무나 뻔뻔했다. 처음에 내 것만은 해결해주겠다던 사람이 말만 번지르르할 뿐 행동으로 보여주는 것이 없었기에 너무 괘씸한 생각이 들었다. 도지히 다른 방법이 없어서 신랑에게 고백하기로 결심했다. 혼자 저지른 일이지만 이혼을 당할지라도 나 혼자서는 도저히 감당할 수가 없었다.

남편에게 퇴근 후에 밖에서 외식을 하고 싶다고 문자를 보냈다. 차를 타고 가는 동안 고요한 적막이 흐르고 식당에 도착하기도 전에 그 시간을 이용해 내 입에서는 나도 모르게 나의 잘못을 털어놓고 있었다. 멘토라는 사람을 남편도 아는 사람이기에 쉽게 털어놓을 수 있었다. 그런데 남편은 한마디의 화도 내지 않고, 곧바로 멘토라는 사람에게 전화를 걸었다. 내 말은 듣는 체도 안 하더니 남편의 말은 고분고분 잘 들었다. 평소 형님 아우 하는 사이라 형님이라는 분의 전화에 무서웠는지는 모르겠지만 어찌어찌 이야기 끝에 해결해주겠다는 약속을 받아냈다. 약속을 하긴 했지만 수많은 핑계를 대면서 갚아주지 않더니 남편의 끈질긴 노력 끝에 몇 년이 지나서야 원금만 해결해 주었다.

나는, 그 일을 통해서 정말 사람 공부를 많이 하게 되었고 남편에게 더욱 감사와 존경의 마음을 갖게 되었다. 시간이 조금 지난 후, 남편에게 그때 왜 화를 내지 않았냐고 물어보았다. 그러자 남편은 이렇게 말했다. "지금 이 상황에 나에게 무엇이 가장 소중하지? 나에게 가장 소중한 것은 당신이었어"라며 소중한 것부터 생각했다고 했다. 그 일을 통해 나는 많은 생각을 하게 되었고, 어떤 문제를 만나게 되더라도 서로 좋은 방향으로 생각하게 되었고 지금까지 오게 되었다.

긍정이란 글자에서 'ㅇ'을 빼면 '그저'라는 말이 된다. 우리 삶에서 긍정이 없으면 그저 그런 삶이 되는 것이다. 그때 당시 남편과 나 둘 중 어느 누군가가 절대긍정을 생각하지 않고, 비관적으로만 생각했다면 현재 우리 가정은 파탄 나고 가정의 울타리는 무너졌을 것이다. 한 가정이 파탄 나거나 도리어 견고해지는 건 생각하기 나름임을 알았다. 그런 시련을 겪어 보니까 하나하나 알 수 있었다. 죽을 일이라면 어쩔 수 없겠지만, 그게 아니라면 얼마든지 '절대긍정'으로 회복 가능하고, 얼마든지 행복해질 수 있는 거라 생각했다.

지금은 어느 누가 보더라도 행복한 가정으로 잘 살아가고 있다. 그 일들을 겪는 동안은 너무너무 힘들었지만, 대신 우리 부부는 '절대긍정'을 배웠다. 절대긍정을 하면 행복해지고, 행복해지면 용서하지 못할 용서까지도 용서가 되는 것을 배웠다.

그 후로, 나의 삶은 완전히 절대긍정으로 바뀌었고, 나는 행복하기 위해 늘 배움을 선택하고 있다. 행복은 능력이다. 긍정적 정서를 통해 자신을 자기가 원하는 방향으로 이끌어 갈 수 있으며, 타인에게 행복을 나눠줌으로써 원만한 인간관계와 성공적인 삶을 살 수 있다. 나는 배워서 남 주는 삶을 살겠다 마음먹었고, 제2의 인생의 길을 걷고자 하나씩 배워나가고 있다. 많은 사람들에게 절대긍정을 통해서 변화될 수 있고, 행복해질 수 있음을 전하고 있다.

그것이 나에게는 셀프 행복코칭이었다. 마음에도 힘이 있다고 했다. 몸의 힘이 근육에서 나오듯 마음의 힘은 마음의 근육에서 나온다. 마음의 근육이 단단하면 단단할수록 어떠한 어려움과 역경이 닥쳐도 헤쳐나갈 수 있는 힘이 생긴다. 지혜롭지 못했던 내 과거의 삶을 후회하지 않기로 했다. 그로 인해 괴로웠지만 그것을 통해 배운 것 또한 적지 않았기 때문이다. 이를 수용하고 한계를 인정하고 그 안에서 의미를 찾으므로 비로소 진정한 나의 삶이 되지 않을까?

내 인생 최고 휴가 – 네팔에서의 자원봉사

2015년 8월 여름휴가는 지진이 발생했던 네팔에서 8일 동안 자원봉사활동을 하고 왔다. Hope in Nepal…이라는 주제로 제6회 한·중앙아시아 영상포럼 사업의 일환으로 교류재단(KF)의 후원을 받아 (재)실크로드 재단 주관으로 네팔 관련 다큐멘터리를 제작하기 위해서였다. 범종교적 차원에서 다큐 촬영팀과 자원봉사팀 9명으로 구성되었는데, 나는 뒤늦게 봉사팀에 합류하게 되어 네팔을 향해 떠났다.
중앙아시아 지역에서 재난이 발생했을 때 주변국을 비롯한 각국의 민간대응 형태를 살펴보며 대한민국 국민의 자질과 세계 시민의식을 제고하기 위한 목적이었다. 네팔로 자원봉사를 가겠다고 마음먹게 된 이유는 이번 휴가만큼은 의미 있게 보내고 싶어서였다. 함께할 일행은 보조 스태프까지 총 16명으로 구성되었다. 우리 일행은 네팔 카트만두 공항에 내려 목적지인 룸비니까지 미니버스와 봉고를 타고 울퉁불퉁한 길을 밤새 달렸고, 다음 날 아침이 되어서야 그곳에 무사히 도착했다.

2015년 4월, 5월에 네팔에서 발생한 지진으로 8천여 명이 사망하고 2만여 명이 중경상을 입었으며, 이재민 수는 660만 명을 넘었다. 학교는 5천여 곳이 무너져버렸다. 우기였던 네팔은 전염병을 비롯한 각종 질병과 먹거리 부족으로 엎친 데 덮친 상황이었다. 도착하자마자 호텔에 짐을 풀어놓고, 한국에서 가져온 햇반과 라면으로 아침을 대충 챙겨 먹고, 본격적으로 봉사활동을 하기 위해 네팔에서 유일한 무료병원인 IBS 병원으로 향했다. 이곳은 태국에서 지원을 많이 해주는 곳이다. 의료봉사를 한다는 소식을 듣고 인도에서도 사람들이 왔다.

이곳에 사는 이들은 어린아이부터 어른에 이르기까지 산부인과 진료를 한 번도 받아본 적이 없다고 했다. 심지어 아이가 배 속에서 죽어 있는 것도 모르고 단순히 배가 아프다고 온 산모도 있었다. 상황이 너무도 열악해서 사람들을 보면 안타까웠다. 여기에 온 사람들은 비타민 하나만 받아도 행복해했다.

이곳은 무정부의 나라처럼 법이 제대로 실행되지 않는 나라이며, 잘 사는 나라에서 도움을 받으면 필요한 사람들에게 돌아가는 것은 고작 10%이며, 90%는 고위 관료들에게 모두 돌아간다고 했다. 고위층의 부패가 고질화되고 만연해서 세계 각국에서 긴급 수송된 구호품들이 난민들에게 제대로 지급되지 않았고, 한때는 구호물품이 난민들에게 제대로 전달되지 못하고 공항에서 썩어나가 식료품 썩는 냄새가 진동했다는 얘기도 나돌았다.

나는 이튿날부터 난민촌에서 급식봉사와 의료봉사를 시작했다. 이곳은 우리나라 1970년대를 연상시켰다. 난민촌에 갔는데 그곳 어린이 집에는 부모를 잃은 아이들 60여 명이 있었다. 우리 촬영 팀이 사진을 찍는데, 아이들이 브이(V)를 하면서 동그란 눈망울로 그저 바라만 보았다. 어린 나이에 감당하기 어려운 큰 고통을 겪은 흔적이 아이들의 눈망울 속에 보여 참으로 안타깝고 나의 일처럼 가슴이 무너졌다. 너무나도 처참한 모습이었다. 가족관계를 불문하고 좁디좁은 텐트 안에서 12명씩 생활하고 있는데 그 모습이 너무 처참했다. 이들은 중국 정부에서 제공한 질 낮은 텐트에서 생활하고 있었다. 한국 정부에서 제공한 텐트는 질이 좋아서 네팔 정부에서는 군부대와 경찰에게 제공했다고 한다. 돈도 없고 가족도 집도 없는 이들의 앞길은 그야말로 암흑임을 눈으로 보아 알 수 있었다.

4월, 1차 지진이 발생했을 때 아내와 아이가 함께 건물더미에 깔렸을 때, 어떤 남성은 건물 잔해를 헤치고 우선 구하기 쉬운 아내를 구했다. 아내를 구하자마자 이어진 여진에 아이는 건물더미에 더 깊숙이 묻혀버리고 말았다. 눈앞에서 아이를 잃은 어머니는 트라우마로 인해 동공이 흐려졌고 누구를 만나도 반응이 없었다. 현지에서 활동하는 자원봉사자는 그저 그녀를 한 시간 동안 꼭 안아주는 일뿐, 그 무엇도 해줄 수가 없었다. 그렇게 한 시간을 꼭 안아주자 엄마는 그제야 정신을 차리고 대성통곡을 하며 밤새 울었다. 수용소의 난민 모두가 절절한 사연들을 인고 하루하루를 견디고 있었다. 하루하루 그들과 함께 부대끼며 나날을 보내고 나니, 우리에게 주어진 시간들이 어느새 다 지나고 말았다.

그렇게 자원봉사 일정이 모두 마무리가 되었다. 8일간의 여름휴가는 나에게 뜻깊은 날이었고 의미 있는 기억으로 남았다. 그 처참한 일들을 겪은 네팔의 국민들과 학생들, 아이들을 보고 있노라니 나의 마음이 정말 안타깝고 한편으론 부끄러웠다. 대한민국에서 편히 살고 있는 것조차도 미안할 정도였다.

우리나라는 그곳에 비하면 천국이다. 어른이나 아이들 할 것 없이 부유함 속에 살면서도 우리들은 항상 만족하지 못하고 불평불만이 가득한 채로 살아갈 때가 많다. 나는 그곳에서 청소년들과 어린아이들을 보면서 놀랐다. 내가 본 난민촌의 상황은 감히 상상도 안 될 만큼 처참했다. 그럼에도 불구하고 그 아이들의 얼굴은 우리나라 아이들보다 훨씬 환하고 밝았다. 가진 것이 없는 나라이지만 모두가 그 상황들을 받아들이고 불편한 생활임에도 오직 살아 있음에 감사하는 마음이 있기 때문일 것이다. 모든 상황들은 마음먹기에 따라 다르다는 것을 알게 되었다.

행복은 조건이 아니라 선택이다. 내 인생 최고의 여름휴가는 네팔에서였다. 평생 잊지 않겠다. 그 어떤 어려운 순간이 닥쳐와도 그날을 기억하면 평생 감사하며 행복하게 살 수 있을 것 같다. 행복은 각자의 운명도 조건도 아니다. 삶을 대하는 태도가 만들어내는 것이다. 생각을 조금만 긍정적으로 바꿔도 우리의 삶은 행복하게 달라진다.

"행복은 추구의 대상이 아니라 발견의 대상이다(박웅현)"라고 했다. 행복을 추구하려고 하니까, 어떤 조건을 만족시키려다 보니 결핍이 생기는 것이다. 조금만 관심을 가지면 주변에 널려 있는 행복을 찾아낼 수 있고, 그 관심이란 내가 행복하겠다고 마음먹는 것에서 생겨나는 것이다. 내 주위에 많은 사람들이 이 순간에도 행복했으면 좋겠다. 비우지 않고는 새로운 것을 담을 수가 없기에 비우고 새 그릇에 새롭게 다시 채워나갈 것이라 마음먹었다. 그래서 결심했다. 행복을 발견하려면 발견하는 법을 배워야 했기에 땅끝 마을에서 서울까지 코칭을 배우러 다닐 수 있는 동기부여가 된 것이다.

코칭 전문 대학원을 다닐 수 있게 되었다. 돈과 시간의 소비는 그리 중요하지 않았다. 중요한 것은 오직 도전과 열정이 있느냐 없느냐다. 몸소 경험해본 자로서 떳떳하게 말할 수 있는 한마디 자신감이다. 대학원 첫 개강 예배 때 총장님께서 하신 말씀이 기억난다.

"여러분! 학교를 다녀도 빡빡하고 안 다녀도 빡빡하고 힘들다면 그럴 바에는 다니면서 빡빡한 것이 더 낫지 않을까요?"라는 그 말씀이 내 마음에 와닿았다. 그렇게 시작된 공부가 코칭심리였다. 어렵지만 너무 잘 시작했다는 생각은 매일 들었다. 조금씩 성장해나가는 내 자신이 너무 멋지고 당당해서 정말 좋았다. 백석대학원에 들어오기 전, 긍정심리에 관한 공부가 너무도 간절하게 하고 싶었다.

우리나라에 긍정심리학과가 있는 학교는 경기도에 용문상담심리대학원뿐이었다. 직장에 다니면서는 다닐 수가 없어서 그쪽 학교는 포기하고, 긍정심리학 과목을 배울 수 있는 다른 학교를 알아보다가 "진리가 너희를 자유케 하리라"라는 표어를 가지고 있는 백석대학교 교육대학원 코칭심리학과를 알게 되었다. 그곳은 내가 고등학교 때 정말 가고 싶어 했던 신학대학과 분위기가 비슷한 기독교 학교였다. 그것만으로도 위안을 삼을 수 있었다. 그때 생각했다. "어? 이게 하나님의 뜻인가?" 가슴이 찌릿해졌고 심장이 쿵쾅쿵쾅 뛰었다. 바로 학교 홈페이지를 클릭하고 들어가서 확인하게 되었다. 하나님이 나에게 주신 기회인 것 같았다. 내가 이 학교를 다닐 수 있도록 적기에 오고 갈 수 있는 기차도 허락해주신 것이다. 예전에는 감히 상상도 할 수 없었던 일인데, 전라도에서 서울까지 2시간이면 갈 수 있는 KTX가 생긴 것이다. 그 전까지는 2시간 안에 서울 가는 일은 꿈에도 생각조차 할 수 없는 일이었다. 교통편까지 나의 배움을 응원해주고 있다는 생각이 들어 한 번 더 배움의 도전을 결심하고 나는 평일엔 직장을 다니면서, 매주 토요일이면 서울로 공부하러 가는 여자가 되었다.

새벽 4시 반에 일어나 준비하고 출발역인 나주역을 향해 달렸다. 기차를 놓치지 않기 위해 비상등을 켜고 과속까지 해가면서 출발 1분 전에야 가까스로 기차에 오를 때가 많았다. 수업을 마치고 집에 내려오면 새벽 한 시가 되었다. 처음 한두 달은 몸의 밸런스가 맞지 않아 몸살을 앓기도 했었지만 서서히 적응해 가면서는 배움의 기쁨이 배가 되었다.

그런데 위기가 찾아왔다. 코칭을 배우면 배울수록 깊이가 있고, 코치로서 역량이 커져야 하는데, 갈수록 나에게 코칭은 어려웠다. 중간에 한 학기를 쉴까도 생각했지만, 한번 쉬면 영원히 포기할 것만 같아서 그것만은 하지 않기로 했다. 대신 방학 동안 나를 위해 뭔가 업그레이드해야겠다고 생각하고 혼자서 비즈니스 코칭을 배우기로 마음먹었다. 서울로 매주 토요일, 일요일에 다니는 것은 힘든 일이지만, 그래도 그런 열정이 나에게 있다는 것이 참으로 대견했다. 그 결과 나는 조금 더 성숙해져 갔다. "그래, 이렇게 조금씩 배워나가면 될 거야"라고 나 자신에게 계속 주문을 외우며, 다음 학기를 무난히 다닐 수 있었다.

손석희 앵커는 자신의 인생을 지각인생이라고 표현했다. 그래도 그는 "지각인생을 넘어 결석 수준이면 어떠한가. 비록 마흔이 넘어서 아무 희망도 없었고, 꿈도 없었고, 무언가를 시작할 수 있는 용기도 없었지만 기왕 늦은 인생 서둘지 않고 다시 도전하겠다"라고 고백했다. 나도 그처럼 도전하고 싶었다. 지각인생을 살더라도 간절함이 있는 한 꼭 결과물을 만들어 낼 것이라고 생각했다. 실패하면 오뚝이처럼 일어나 또다시 도전하면 되는 것이다. 나는 코칭을 배움으로써 내 자신을 코칭하는 법을 알았다.

행동을 변화시키고 결과를 성취하는 코칭기술과 도구를 얻었다. 사람은 배우니까 변화되고, 성장하고 깨닫고 좋은 쪽으로 행동하게 되어 있다. 남에게 주는 삶의 주인공이 되기 위해서 먼저 내가 나의 마음을 잘 알고, 채우고 살을 찌워야 한다. 아직도 많이 부족함을 알기에 지속적으로 배우고 열심히 나를 알아가고 있는 중이다.

이런 힘든 상황들을 겪고 난 후 조금씩 성장하고 변화됨을 나 스스로가 매일 느끼며 살아간다. 그로 인해 나는 건강한 자아를 가졌고 자존감이 높아졌다. 이 얼마나 행복한 일인가. 모든 것이 코칭을 배우면서 깨달은 절대긍정 덕분이다. 이처럼 우리들은 인생을 모두 살아가는 것이 아니라 살아내는 것이다. 때론, 힘든 역경을 겪게 되더라도 보다 넓고 깊게 살아내면 되는 것이다. 그러다 보면 즐기는 삶의 차원에까지 도달하게 된다.

인생에서 좋은 사람을 만나는 것도 큰 행복이요 행운이다. 나는 대학원 동기들을 정말 잘 만났다. 연령대가 모두 다르고, 동생들부터 나이가 좀 더 먹은 언니들까지 모두 15명의 우리 기수들이 있다. 하나같이 모두가 귀한 사람들이다. 모두들 가지고 있는 달란트가 다 달랐다. 각자 서로의 장단점을 채워주고 이끌어주며, 그렇게 2년 반 동안 열심히 공부했다. 그래서 15명 모두 좋은 결실을 맺을 수가 있었고, 모두 무사히 졸업을 하였다.

"이왕 지각인생인데, 코치 자격증도 따볼까?"라는 생각을 했다. 그런데 KAC 자격증 필기시험을 보는데 계속 떨어졌다. 사실 1회 때는 쉽다고 하여 제대로 공부도 안 하고 그냥 대충 해서 떨어졌다. 2회 때 또 떨어졌다. 공부를 열심히 했는데 또 떨어져서 속상했다. "내 머리가 이렇게 멍청하나?"라는 생각이 들어서 시험을 포기할까도 싶었다. 지금은 유명한 연예인이 된 송중기라는 배우는 오디션도 천 번은 떨어졌다고 했다. 떨어졌기에 지금의 유명한 영화배우가 되었다는 것이다. 그 이야기에 용기를 얻어 또 다시 동기들 몇 명이서 한 번 더 도전해보기로 했다. 결과는 합격! 남들이 봤을 때는 별것 아닐 수도 있는데, 나에게는 정말 하늘의 별을 딴 느낌이었다. 이제 KPC에 도전하고 싶은 간절함이 더 커졌다. 항상 내 마음 한편에 "내가 할 수 있을까? 과연 내가 해낼 수 있을까?"라는 의문이 들었다. 그러나 아직 일어나지 않은 일이기에 벌써부터 걱정할 필요는 없다고 생각한다.

'걱정해서 걱정이 없어지면 걱정이 없겠네'라는 티베트 속담이 있다. 우리가 아무리 걱정을 한들 그 걱정거리가 사라지지는 않는다는 것이다. 내가 졸업했던 대학교 선후배들을 대상으로, 가끔은 직장 동료들을 대상으로 코칭실습을 해나가며 계속 도전하고 있다. 너무나 행복하고, 꽤 단단한 나를 발견한다. 그들에게 선후배나 직장 동료로서가 아닌, 코치로 연민의 마음으로 '함께 있어주는 것'에 의미를 두며, 그들이 원하는 곳으로 갈 수 있도록 인도자 역할을 하고 싶다.

나는 NLP를 배우는 사람으로서 그렇게 되리라 상상의 나래를 펼친다. 강단에 서서 학생들을 가르치며, 수많은 사람들 앞에서 강연하고 코칭하며 인생의 변화를 함께 축하하는 모습을 상상해보며 그때의 나를 즐기곤 한다. 그렇게 대단한 나 자신을 완전히 인정하고 사랑한다. 그때만큼은 온 세상을 모두 내가 가진 것처럼 행복하고 내가 최고가 된 듯하다.

셀프코칭을 통해, 스스로 행복해지는 연습

셀프코칭은 행복해지는 연습을 함으로써 자기가 원하는 방향으로 나아가고, 스스로가 행복하기로 선택할 때 훨씬 더 행복해지게 한다. 진짜 현명한 사람은 상대가 불행을 당하기 전에 남을 돕는다. 그래서 '나의 행복을 타인에게 나눠 주는 삶', '배워서 남 주는 삶 절대긍정인 자를 가진 자'로서 많은 사람들을 변화시켜 행복을 알리고, 함께 성장 발전해가는 동역자가 될 수 있는 코치가 되고 싶은 것이 나의 소망이다. 코칭은 한마디로 '삶의 행복'이다. 코칭이 내 삶에 안겨준 행복이다.
우리 모두가 부정적인 감정을 해소하고 늘 자신감이 있든 없든 나 자신을 완전히 인정하고 사랑하며 살아갔으면 좋겠다. NLP 기법 중에 평소에 내가 자주 사용하는 평범하지만 아주 강력한 코칭 기법을 한 가지 공유하고 싶다.

※ NLP에서 사용하는 센터링 기법[9]

왼손은 등을 보이게 쫙 펴고, 오른손을 가볍게 주먹을 쥐어 왼손 손등을 30초~1분 정도 두드리면서 "나는 (   )의 감정임에도 불구하고 나 자신을 완전히 인정하고 사랑한다"를 말로 5번씩 반복하시면서 마음을 다스리시기 바랍니다.

---

[9] 센터링 기법: 부정적인 감정 해소하기(짜증나고 무시하는 감정이 있음에도 불구하고…)

우리 모두는 서로 돕기 위해 태어났다

강은 자신의 물을 마시지 않고,
나무는 자신의 열매를 먹지 않습니다.
태양은 스스로 자신을 비추지 않고,
꽃은 자기를 위해 향기를 퍼뜨리지 않습니다.
남을 위해 사는 게 자연의 법칙입니다.
우리 모두는 서로 돕기 위해 태어난 것입니다.
아무리 그게 어렵더라도 말이지요.

- 프란체스코 교황 -

박경희

엄마, 저 경희예요

2020년 1월 17일 요양원에서 (동영상 촬영)

[테이블에 핸드폰을 고정해 놓고 녹화 버튼을 누르고, 둘째언니와 나는 엄마 양쪽에서 엄마의 팔짱을 끼고 셋이서 함께 동영상을 찍고 있다.]

나   자! 엄마, 이거 녹화되는 거예요.
     엄마, 누구한테 뭐라고 말 남기고 싶은 말 있어요? 하고 싶은 말~

엄마   음….

나   누구 생각나는 사람~

엄마   (어렵게 입을 떼며) 너희들 보니까 기분이 좋은 거지~ (낮고 작은 목소리로)

나   (엄마 볼에 입을 맞추며) 쪽! 또~?

엄마   (휴대폰에 보이는 본인의 영상을 보며) 근데 나 많이 늙었구나…

나	엄마가? (놀란 눈으로) 엄마 아직도 얼굴이 (주먹을 들고) 이렇게 조막만 하고, 우리들 중에 얼굴이 제일 조그만데~ 엄마 엄청 어려 보여~ (진짜 제일 작다)
	(엄마 옷을 만지며) 노란색 좀 봐. 내가 사다준 건데~ (말을 돌리려고…)
엄마	(고개를 끄덕이며) 응~
나	기억해요?
엄마	(고개를 끄덕이며) 응~
나	(엄마를 보며) 엄마, 누구한테 말 남기거나, 인사하고 싶은 사람 있어요?
엄마	(계속 핸드폰 속 화면을 보며 한숨 섞인 목소리로) 너희들이 와서 난 참~ 기분 좋다
언니	(같이 고개를 끄덕이며) 그리고 또? 누구 생각나는 사람~
나	생각나는 사람~
엄마	(조용히 화면을 바라보다 작은 소리로) 손자, 손녀들이 보고 싶지~
나	한마디씩 좀 해줘봐~ 손녀야, 손자야~ 이렇게
엄마	강연수, 공부 많이 해서~ 대통령 돼라~~ㅎㅎㅎㅎ
나	와ㅎㅎㅎㅎ 대~박~ㅎㅎㅎㅎ (핸드폰 화면을 바라보며 엄지 척을 한다) 박예진~
엄마	박예진~ 어디 있냐? 공부 많이 해서 선생 돼라~
나	아ㅎㅎㅎ~ 자, 이제 경윤이(막내 딸)~
엄마	경윤아~ (잠시, 눈동자가 흔들리며 생각하다) 깍꿍~
언니	(엄마가 주저하는 걸 눈치채고) 사장님 됐잖아. (엄마를 바라보며 작은 소리로) 깍꿍 아니야~ 사장님이야~
나	(엄마를 보며) 그래~ 대표님이야~ 엄마 (막내딸을 바로 기억 못하는 엄마를 보며 미소가 사라진다)

엄마	(미소가 사라진 얼굴에 두 눈을 깜박이며 입술에 침을 바르고) 으응~ 경윤이 사장 돼서… (얼굴을 내밀며 잠시 후에) 좋다~ 나 행복하다~~
나	자, 이번에는 누구 할까? 준미언니(큰언니) 할까?
엄마	으응~(눈을 깜박이며 생각한다) 준미야~ (잠시 침묵), 보고 싶다. 왜… 안 오니? (언니와 나는 크게 웃고, 엄마는 웃지 않는다.)
나	(미소 지은 채 엄마를 바라보며) 또, 이번엔 누구 남았지? (엄마의 뒷머리를 살살 매만지며) 자, 아들(오빠)~
엄마	아들? 흐응 아들? (눈을 깜박이고 조금 인상을 쓰며) 간구?
나	(엄마를 보며 웃으며) 응~(오빠를 기억하는 엄마로 인해 화면을 보며 더 활짝 웃는다. 요양원에 들어오면서 오빠는 엄마를 보러 올 수 없었다. 자매들이 오지 말라고 했는데 그 이유는 오빠가 계속 엄마를 모시고 있었고, 그동안 오빠랑 새언니가 정말 많이 힘들었고, 엄마를 보면 오빠가 마음이 약해져서 다시 모시고 갈까봐였다. 엄마가 요양원에 적응해야 했기 때문이기도 했었다.)
언니	(핸드폰 화면을 응시한 채 활짝 웃으며 고개를 크게 끄덕인다.)
엄마	간구 어딧니? 어딧다, 어디 아마 안 오네~ (얼굴을 내밀며) (엄마의 말이 자연스럽게 나오지 않는 건, 여러 가지 생각이 갑자기 꼬인 듯하다.)
나	(엄마를 보며) 잘 지내니? 난 잘 지낸다~ 이런 말 해죠~
엄마	우리 아들… 잘~ 지내고 돈 많이 벌이라~ 까까 좀 사 먹게~ <u>오호호호호</u> (두 눈을 감고, 고개를 위로 올리며 웃는다. 웃다가 고개를 숙여 아래를 보고 웃는다.)
언니	(고개를 끄덕이며 작은 소리로) 이제 끄자~
나	(언니의 소리를 못 듣고) 새아가한테도~
엄마	(눈을 깜박이며) 응? (잠시 뒤) 응?
언니	(엄마 귀에 바짝 대고) 예진이 엄마~
나	(엄마를 보며) 새언니~

엄마	예진 엄마~ (두 눈을 빠르게 깜박이며 눈동자가 흔들린다. 표정은 굳어진다.) (오래도록 손을 꼼지락거리다가) 어… 잊어먹었네~ (고개를 숙인다)
나	엄마, 그러면 이제 새해 복 많이 받아라~ (화면을 향해 손을 흔들며) 그래 봐. (손 흔들며) 새해 복 많이 받아라~~
엄마	새해 복 많이 받아라~~(표정은 웃지 않고 손을 핸드폰 화면을 향해 흔든다) 돈 많이 벌어라~~ㅎㅎ (언니, 엄마, 나는 활짝 웃으며, 폰 화면을 향해 다 함께 손을 흔든다. 나는 동영상 저장 버튼을 누른다)

엄마, 당신은 나의 모신(母神)

아이가 태어날 때 그리고 아이를 양육할 때 어머니가 보여주는 능력은 가히 신적(神的)이다. 전지전능한 섭리적(攝理的) 당위성(當爲性)을 가지고 아이의 운명을 길러주는 어머니. 그 어머니가 바로 우리들의 신 모신(母神)이다.

정신분석학에서는 어머니를 대상이라고 부른다. 대상이라는 말은 일반적으로 내가 만나는 사람 혹은 거래하는 사람을 말하지만 정신분석학에서는 대상(어머니)은 세상이라는 의미를 갖는다. 대상이 세상이라는 말은 아이가 상대하는 사람이 대상밖에 없다는 것에서 유래된 것이다. 대상은 그래서 아이의 세상을 가리키는 말이며 이는 곧 어머니라는 뜻으로 해석된다. (중략) 아이가 하나의 인간으로서 이루어가는 모든 것에는 아이의 생활 대상인 어머니의 수고와 노력이 함께한다. 어머니의 수고와 노력이 없이는 그 어떠한 것도 아이 홀로 이룰 수 있는 것이 없다. (임종렬, 《모신》, 한국가족복지연구소, 1999.)

내가 잘 걷지 못하는 어린아이였을 때, 나에게는 너무 높게만 보여 내려갈 엄두가 나지 않았던 (방과 연결된) 마루에 엎드려서 땅 바닥을 바라보고 또 걸레를 빨고 있는 엄마를 번갈아 바라보며 엄마를 기다리고 있었다. 그러던 중 바닥에 뭔가 어린 나의 호기심을 자극하던 어떤 것(개미인지, 쥐며느리였는지…)이 보였던 것 같다.

내가 손을 뻗치며 그 뭔가를 잡으려고 점점 앞으로 갈 때쯤, 기우뚱하며 앞으로 쏠렸고 난 바닥으로 떨어지고 있었다. 그때 엄마의 '후다다닥~ 아이쿠' 소리와 함께 저쪽 끝에서 일하시다가 어느새 달려와 커다랗고 따뜻한 엄마의 손으로 내 머리를 감싸 안았고, 엄마와 난 바닥에 누워 있었다. 내 기억에 엄마는 웃고 있었고 난 크게 울었다. 어디서 그런 초인 같은 빠른 행동으로 아이를 받아낼 수 있었을까?

그 후로는 엄마도 많이 놀라셨는지 바닥에 돗자리를 깔고 얇은 이불과 주변에 인형들을 놓아주셨다. 어느 날 하늘에 잠자리가 빨랫줄에 앉았다가 내 주변에도 날다가 하며 날 놀리는 듯 날아다녔는데, 엄마는 늘 그렇듯 어린 딸을 주시하며 집안일을 하고 계셨다.

"경희야, 엄마가 잠자리 잡아줄까?"

그러시고는 잠자리채도 없이 맨손으로 재빠르게 낚아채듯 잡아서 잠자리 꼬리에 흰 실로 묶어 내 손목에 감아주셨다. 깨끗하고 파란 하늘과 빨간 고추잠자리가 내 손목 주변에서 날아다녔던 그날이 생각난다.

그래서인지 내가 엄마가 되어서 가끔 한 손으로 모기를 재빠르게 움켜쥐듯 잡고는 한다. 그 모습을 내 아이들이 놀란 듯 바라볼 때, '엄마는 외할머니 닮아서 그래~ 외할머니는 맨손으로 날아다니는 잠자리도 잡으셨거든~' 하며 내 엄마를 떠올린다.

내 오른손 중지 안쪽엔 4센티미터 가량의 어릴 때 생긴 긴 흉터가 있다. 목수였던 아빠가 유리를 몇 장을 책상 맨 위 손이 닿지 않는 곳에 올려놓으신 적이 있었다. 언니 오빠들의 책상들이 크기별로 붙어 있었기에 호기심왕국인 나는 의자를 밟고 올라가기 시작했다. 작은 책상에서 큰 책상으로 그리고 그 위험한 유리에 드디어 가까이 갔고 유리를 손으로 만지다 여린 손에 긴 상처가 났다. 금세 빨간 피가 멈추지도 않았고, 놀람과 두려움에 아픈 것도 잘 모른 채 바닥에 손바닥을 두들기고 있었다.

그 모습을 엄마가 보시더니 바로 내 손에 수건을 번개같이 감고 포대기로 둘러 안고는 일본식 나무로 만든 슬리퍼(게다)를 신은 채 병원으로 정신없이 달려가셨다. 병원에서 상처를 꿰맬 때 내가 심하게 보채지 않았다고 간호사들이 예뻐하며 나를 안고 다녀서 엄마가 한동안 기다리다 데리고 집에 왔노라고 엄마는 무용담처럼 얘기하시곤 하셨다. (내 피부가 켈로이드 피부라서 흉터가 아직 이렇게 남아 있는 것일 뿐 예쁘게 잘 꿰매 주셨다고 한다.)

나의 엄마는 어린 나에게는 원더우먼 같았다. 바람처럼 달려와 떨어지는 날 받아 안아주고, 날아다니는 잠자리를 맨손으로 잡고, 내가 다쳐서 치료가 필요할 땐 쉬지도 않고 뛰어서 병원으로 갔으니 말이다. 좁은 부엌에서 뚝딱뚝딱 마술처럼 요리를 만들어내고, 그 많은 가족들의 빨래를 날마다 손으로 하얗게 빨았으니 말이다. 나에게 엄마는 때로는 아빠보다 더 든든하고 강한 슈퍼맘이었다.

    어머니는 아이를 마음으로 기른다.
    겉모습이야 어떻게 생겼든 무슨 상관이 있겠는가? 아이를 상대하는 어머니가 어머니의 마음으로 아이를 상대하고 어머니를 대하는 아이 역시 어머니의 겉모습과 거래하는 것이 아니고 오직 어머니의 속마음과 거래를 할 뿐이기 때문에 어머니의 속모습인 마음만 아름다우면 되는 것이다.
어머니의 속 모습이 아름다울 때 아이의 마음이 아름다워지고 어머니의 마음이 깨끗할 때 아이의 모습이 깨끗해진다. (임종렬,《모신》, 한국가족복지연구소, 1999.)

내가 보고 자란 대상이, 나의 세상인 엄마가 그랬듯 나도 큰 아들을 낳고 편도가 약해 고열이 날 때마다 나는 아들을 안고 병원을 다녀온 후 2일을 잠도 안자고 아이를 지키며 열이 떨어질 때까지 간호했던 기억이 난다. 엄마는 다 그래야 하는 것처럼. 내 대상인 엄마가 보여준 대로 어쩜 한 술 더 뜬 모습으로 내 아이들을 대했던 것 같다. 내 엄마에게는 갚을 수 없는 은혜고 큰 사랑이었지만, 엄마의 그 슈퍼맘 같은 이면엔 내 아이가 잘못될까 노심초사하며 불안과 두려움에 떨었음을(심리를 배우고 나서 알게 됨) 내가 엄마가 되고 나서야 알게 됐다.

엄마, 이제 학교 다니자~

20년 전쯤으로 기억된다. 엄마가 처음으로 치매 증상을 보인 것이다. 어느 날 엄마가 전화로 이상한 이야기를 했다.
"나 버스를 타고 볼일을 보러 가고 있었는데… 갑자기, 여기가 어딘지, 내가 어디를 가려고 했는지 기억이 나지를 않는 거야."
한참을 생각하고 기억해서 어찌어찌 볼일을 보고 집에 왔다고 했다.
나는 너무 놀라 인터넷 검색을 하고 그것이 치매의 초기 증상이라는 것을 알게 됐다.
치매의 요인은 여러 가지이지만 그중에 머리를 크게 다쳤거나 저학력이거나 배우자와의 사별이 큰 요인이 될 수 있다는데, 엄만 모두 다 해당됐다.

엄마의 치매를 멈추거나 늦출 수 있는 방법은 엄마를 행복하고 즐겁게 해드리는 것일 거라고 생각하고 엄마의 오랜 소원인 초등학교 과정을 배울 수 있도록 알아봤다.

"엄마, 학교 다니고 싶었잖아~ 엄마, 공부하는 거 소원이지? 내가 그 소원 들어줄게."

"응? 정말? 우리 딸 최고~"

"응, 엄마. 내가 학교 보내줄게. 엄마 이제 학교 다니자~^^"

그렇게 해서 엄마는 초등학교 과정을 공부하기 시작했고, 어느샌가 치매의 증상은 보이지 않는 듯했다. 그래서 계속 공부하시고 장구도 배우시고 교회활동 말고도, 또 다른 사회활동을 하시면서 활력을 찾으시며 많이 밝아지셨다. 하지만 그리 오래가지는 못했다.

아이들을 좋아하는 엄마는 언니, 오빠, 동생의 자녀들을 돌아가며 돌보고 지쳐가셨다. 물론 종일 아이들을 돌보는 사이 엄마는 배우는 활동을 하지 못하셨고, 또 치매의 증상이 생기기 시작했다. 냄비를 태워서 불이 날 뻔했고, 약속을 자주 잊고, 돈을 자주 잃어버리셨다.

치아가 안 좋으셔서 치아를 뽑고 틀니를 하셨고, 잇몸이 붓고 힘들어하셔서 임플란트를 12개가량 하셨다. 허리를 수술하셨고, 양쪽 무릎 한쪽씩 관절수술을 하셨다. 그리고 눈 수술도 하셨다. 안경 없이도 잘 보시고, 김치도 와작와작 씹으시는 모습을 보는 자식들은 배우자들에게 미안했지만, 돈 부담보다 엄마의 건강해지는 모습에 행복해했다. 보험이 없었던 엄마여서, 우리 5형제가 늘 같이 나눠서 수술비며 약값 등을 부담했지만 그래도 형제가 많아서 다행이라는 생각들을 했다.

이렇게 엄마의 몸을 조금씩 고쳐가면 엄마가 건강하게 오래 사실 줄 알았는데, 수술을 하고 재활하면서 몸이 불편하신 엄마는 우울해하셨고, 치매는 조금씩 더 증상이 더해갔다.

엄마, 내가 몇째 딸?

"여보세요? 엄마~ 경희예요~"
"응, 경희야?"
"응, 엄마. 아침진지는 드셨어요? 약은 드셨고?"
"엄마. 약은? 약은 드셨어요?"
"글쎄, 내가 약을 먹었나? …모르겠네."
"엄마, 내가 몇째 딸이지?"
"그거야 당연히 셋째 딸이지~"
"우와~ 딩동댕!! 우리 엄마, 100점!"
"하하하하하하 100점이야? 신난다~"

오빠네와 함께 사시면서 외출도 못 하시고 하루 종일 집에서만 있는 엄마에게 하루에 한 번 혹은 두 번씩 전화해서 안부를 묻고, 밝은 목소리와 엄마가 좋아하는 100점을 주며 자주 찾아가지 못하는 안타까움을 전하는 것이 나의 일과의 한 부분이었고, 학교활동을 좋아하시던 엄마는, 무릎 수술 후 재활을 잘 하지 못해서 걷는 것이 불편하다며 짬짬이 하셨던 학교과정을 더 이상 진행하지 못하셨다. 늘 집에만 있는 스스로를 집 지키는 개라며 한탄하시기도 하셨다.

엄마의 박사님

1940년 3월 12일, 내 엄마는 약하게 태어났고, 농사짓는 부모님이 발목에 줄을 매 놓고 일을 나간 사이, 땅바닥을 기어 다니다가 세워 놓은 커다란 농기구가 쓰러지며 아기인 엄마의 머리를 덮쳤고, 아기는 하루 종일 피를 흘리며 울고 또 울었다고 한다. 저녁 무렵에 옆집의 할머니가 이상한 소리에 들어와 보니 아기가 머리에 피를 흘리며 울다 지쳐 거의 소리도 못 내고 있었다고 했다. 그 할머니는 아기(엄마)의 상처 난 머리에 된장을 채우고(ㅠㅠ) 놔뒀다고 했다. 외할머니는 아기(엄마)가 젖도 못 물고 있자, 방 윗목에 그냥 며칠을 두었고… 다행히 며칠 후 숨소리를 내고 꿈틀대서 젖을 다시 물렸다고 했다.

엄마는 크면서 동생들이 돌림병으로 죽어가는 것도 보고, 일본군에게 동네 언니들이 끌려가는 것도 봤다고 했다. 6.25 전쟁 중에 동네 사람들이 죽어나가는 것도 보고, 커다란 비행기가 무섭게 날아다는 것도 봤다고 한다. 동물이 잘 따르고, 식물도 잘 키우고, 뭐든 가르쳐주지 않아도 어깨 너머로 배워서 누구보다 야무지게 일하셨다는 우리 엄마. 정말 학교가 다니고 싶었던 우리 엄마는 나중에 서울에 올라와서 공장에 다니며 야학을 잠깐 다녔다고 했다.

마음이 약하고 정에 끌려서, 아내를 사별하고 딸을 혼자 키우던 아빠를 만나 우리 4형제를 낳아 5명의 자식들을 모두 품고 정말 열심히 부지런히 살아온 억척같은 내 엄마.

엄마는 우리 모두를 키울 때 '박사님'이라고 존대하며 키웠다고 했다. 난 아직도 '박사님~' 하는 소리가 기억이 난다. 엄마의 오랜 바람과 소원을 담아 우리 5형제 중 둘째 언니, 나, 동생은 아직도 만학의 길을 걷고 있다. 어릴 땐 그 '박사님'이란 소리가 불편했는데 그 소리가 무의식의 깊은 곳에 크게 자리 잡았나 보다. 우리 5남매 중 3명은 엄마의 박사님이 될 것 같다.

약속

내 어릴 적 엄마는 가끔 집안일을 하시다가 책을 읽고 있는 우리를 보며, 혼잣말로 '내 이야기를 소설로 쓰면 엄청 잘 팔릴 텐데' 하시며 한숨을 내쉬곤 하셨다.
엄마가 치매가 점점 심해져갈 때쯤, 엄마와 통화를 하며 나는 엄마와 약속을 했었다.
"엄마, 엄마가 엄마 이야기, 책으로 쓰고 싶다고 했었잖아~ 내가 엄마 이야기 다 듣고 써서 책으로 내줄게."
"딸, 정말이야? 역시 우리 경희가 최고구나~"
그런 엄마와의 약속을 다 지키기도 전에, 엄마는 집을 나가 몇 시간씩 길을 헤매다 집에 들어오시기도 하고, 어떤 날은 오빠의 신고로 경찰차를 타고 밤늦게 집으로 귀가하기도 했다. 돈을 훔쳐간다며 모두를 의심하기도 하고, 기억의 오류와 망상에 점차 이상한 소리도 들으시며 새벽에 현관문을 열어 두기도 했다. 그러다 허리에 문제가 생겨 갑작스레 허리 재수술을 하게 됐고, 그 이후 엄마는 더 심한 치매 증상이 생겼다. 병원에서 도망 나오려고 하고 제지하는 간병인과 다른 보호자를 때리기까지 했다. 집으로 돌아온 엄마는 집 안에 칼들을 숨기고, 가위와 바늘, 실, 휴지 등을 가방에 넣어 자꾸 짐을 싸는 등 증세는 점점 심해져만 갔다.
'긴 병에 효자 없다'는 말을 무색하게 했던 오빠임에도 엄마와 오빠와의 갈등이 점점 심해지고 이러다 오빠가 죽겠구나 싶은 지경이 되어, 우리 자매들은 엄마를 천안에 있는 요양원에 모시게 되었다. 그러고는 코로나를 마주하게 되었고 이제는 큰 유리벽을 사이에 두고서야 전화로만 면회가 가능한 상황에 놓이게 되었다. 이젠 유리벽과 영상통화로밖에는 엄마를 볼 수도, 만질 수도 없는….

치매는 사랑하는 가족이 조각조각 부서지는 것을 지켜보는 것이라고 했던가… 어떻게 말로 표현할 수 없는 가슴 한쪽이 조각조각 떨어져 나가는 심정으로 하루하루를 살아가고 있다. 아직 엄마의 박사님도, 엄마와의 약속도 지키지 못했는데 우리는 엄마의 기억 속에서 하나하나 지워져가고 있다.

엄마, 저 경희예요.
엄마의 박사님 경희요.
엄마, 아직 저 잊으시면 안 돼요. 다시 회복해서 저랑 같이 학교도 가고, 어릴 때 나무에서 지붕으로 뛰어다니며 감 따시던 엄마의 이야기책도 쓰셔야 해요.
사랑하는 우리 백점 장영순 여사님!
힘들어도 견디고 살아주셔서 고맙고, 감사하고, 존경합니다.
지금까지처럼, 조금만 더 힘내고 버티고 기다려주셔야 해요.
엄마의 박사님으로 곧 보러 갈게요.

"엄마, 저 경희예요."

안미순

흑백 사진관

저 하늘 새처럼… 나의 비밀창고

어릴 적, 잠 못 드는 밤이면 나는 수많은 날을 새가 되어 날고 싶었다.
잠 못 들고 끄적인 일기장 속 나는 날고 싶었다. 훨훨.
이 한 장의 사진은 그때의 내
가 생각나 지금도 가슴 한켠이 아련해진다.
힘들었던 어린 시절, 현실을 벗어나 하늘 위를 훨훨 날아다니며 바람 따라 구름 따라 정처 없이 자유롭게 날아다니는 것은 나의 열망이고 위로였다. 마치 새장 속에 갇혀 새장 밖의 세상을 그리워하며 바깥 세상을 날아다니는 새들을 보면 그들은 마냥 행복하고 자유로워 보였다.
어두운 방 한쪽에서 남모르게 적어 내려가던 일기는 나를 위로했고, 벗어날 수 없는 현실에 대한 원망과 한탄을 쏟아내며 내 삶의 어두운 그림자와 함께 그 속으로 숨어버릴 수 있는 의지처였다. 가끔은 현실에서 벗어나고 싶은 열망을 그대로 쏟아내며 이불 속에서 누구라도 들을까 소리 없이 울었다. 그렇게 중학교 1학년부터 쓰기 시작한 일기장은 고등학교를 졸업하고 사회생활을 할 때까지 이어졌다.
가끔 구석진 책꽂이 한켠에 먼지와 함께 쌓여 있는 일기장을 들여다 볼 때면 어린 날의 일기 쓰던 밤이 생각나기도 하고 현실에 숨죽여버린 나의 꿈들과 열정이 생각나 마음 한구석이 찌릿 아파온다. 세상에 대한 열망과 그로 인한 좌절, 부모에 대한 원망이 뒤섞였던 것이 나의 어린 날의 모습들이기 때문이다.

늦둥이로 태어난 나 때문에 고생하며 살고 있다는 말을 수없이 듣던, 엄마의 푸념 섞인 혼잣말 덕분에 난 항상 죄의식과 미안함 그리고 엄마가 나를 버리고 떠날 것 같은 불안함 때문에 제대로 반항도 하지 못한 채 꾹꾹 눌러쓰며 토해낸 어린 날의 마음들이 한 권의 일기장이 되고 두 권이 되어 여러 권의 일기장으로 남았다.

그 일기장은 힘들었던 어린 날의 벗이 되어 위로가 되고 버텨내는 용기를 갖게 하였다. 때론 세상에 쏟아내지 못했던 말들을 꼭꼭 숨겨놓는 비밀창고가 되기도 했다. 새가 되어 날고 싶다는 아이는 그곳이 하늘이 되고 바람이 되어 마음껏 날아다닐 수 있는 공간이 되었다. 스스로 살아갈 수 있는 날들이 오기를 희망하며 그렇게 간절한 마음으로….

난 어른이 된 지금도 가끔 높은 하늘을 날아다니는 새를 꿈꾼다. 다시 태어난다면 새로 태어나면 좋겠다는 생각을 한 적도 있었다. 사는 것이 너무 빡빡해서 힘들 때, 아니면 현실의 벽에 부딪쳐 아무것도 할 수 없다고 느낄 때 난 떠나고 싶고 날아가고 싶어진다. 그래서 가끔씩 좌절감, 고통들이 밀려오면 새장 안으로 들어가 세상과 거리 두기 하며 살기도 했다. 그러다 누군가 문을 열어주면 그때 다시 새장 밖으로 나와 세상을 보곤 했다.

그랬다. 내 삶은….
누군가를 만나기 전까지는….
살다 지쳐 또 다시 주저앉고 싶어지고 좌절해서 숨고 싶을 때 만났다. 8년 전, 그 우연한 선물이 내 삶을 바꿀 줄은 꿈에도 몰랐다. 지금 생각해보니 그 순간이 내 생애 최고의 선물을 받는 순간이었다. 그 만남이 없었다면 지금의 나는 어떤 모습으로 살아가고 있을까? 결코 쉽지는 않았을 것 같다.

'코칭.'
코칭은 나를 나로 살아갈 수 있도록 안내해주고 넘어지려 할 때 일어설 힘이 되어주었다.
그래서 현재의 힘듦도, 앞으로의 좌절감도 잘 헤쳐나갈 수 있을 것이라는 나름의 믿음도 생겼다. 우연히 내게 온 코칭은 열등감과 좌절감, 세상을 향한 원망이라는 새장 속에 갇혀 남의 탓과 세상에 대한 원망으로 살아갈 뻔한 나를 꺼내준 고맙고 감사한 선물이다.
그날부터 8년이란 세월이 흘렀다. 간혹 거센 바람이 불어 깜짝 놀랄 때도 있지만 바람을 맞을 용기도 생기고 바람을 즐겨 보자는 마음도 생겼다. 그래서 사는 게 즐겁다. 행복하다. 내게 주어진 소소한 일상과 함께해준 사람들 주위의 환경도 모두 감사하다. 주어진 상황은 크게 달라지지 않았지만 내 마음의 세상이 달라졌다. 그래서 사람들과의 상처로 숨고 싶어질 때 그리고 도망가고 싶을 때도 현재에 머물러 격려해주고 잘해낼 수 있을 것이라고 스스로 다독이며 헤쳐나가고 있다.
이 한 장의 사진은 어린 날 나의 열망의 표현이며 앞으로 살아갈 미래의 모습이기도 하다. 이 글을 쓰다 보니 모든 것이 감사하다. 세상에 감사하고 부모님께 감사하고, 내 삶의 곳곳에 함께해준 모든 이들이….

어느 날 문득…

문득 걷다 멈춰선 그곳
우두커니 멈춰선 그 자리에서
내 어릴 적 그 어느 날에 머물러
피식 웃음 지어본다.

그땐 무엇이 그리 즐거웠는지
그땐 무엇이 그리 재미있었는지
친구들과 재잘대던 그날에 머무르다
나도 모르게 마음 안 깊숙이 넣어두었던
거울 하나 꺼내어 들여다본다.

별것도 아닌데 웃음이 나고
별것도 아닌데 행복해하고
별것도 아닌데 슬퍼하고
별것도 아닌데…
말이다.

이만큼 살았는데
이만큼 세월이 흘렀는데
가끔
아주 가끔 마음은
그 옛날 어느 날에 머물러
그리워지기도
아프기도
때론 행복해지기도 하더라.

그 어느 날의 기억들이
때론 삶의 에너지가 되어
살아갈 힘을 주기도 하고
방향을 잃고 헤맬 때
나침판이 되어주기도 하지만
때론 발길에 차이는 돌멩이가 되어
넘어지기도 하고 멈추게도 하더라.

어린 날의 기억은
마치 전부인 듯, 진실인 듯
아플 때도 슬플 때도
기억 속에 머물러 살아가고 있더라.

잠시 머물러 들여다보면
우리가 보지 못하고 느끼지 못한
작은 세상도 있을 텐데…
어쩌면 미처 발견되지 못한
충만함과 기쁨과 온 마음을 다해
나를 사랑하는 내가 있을 텐데

가는 길 잠시 멈추고
그 지나온 어느 날에 머물러
온몸으로 사랑받고 있는 나를
발견하며 잠시 미소 지어보는 것은 어떻는지…

엄마처럼 살기 싫었어

엄마처럼 살기 싫었어
낡고 늘어진 속옷을 입어도
보이지 않으니 괜찮다며
웃어넘기시고
명절이나 소풍 갈 땐
늘 새 옷을 사주며
예쁘다 해주는
엄마처럼 살기 싫었어
아버지의 불같은 성격을
받아주면서도
내가 상처받을까 염려하여
아버지가 잠들 때까지 밖에서 서성이는
엄마처럼 살기 싫었어
밤새도록 일하고 와서도 새벽밥을 하며
막내딸 소풍날 김밥을 만들어주는
엄마처럼 살기 싫었어
엄마는 예쁜 옷 화장 한 번 제대로 해보지 못했으면서
딸에게 옷 한 벌 사주고 싶다며
꼬깃꼬깃 모아 둔 쌈짓돈으로
빨간색 치마 정장 사주며 행복해하는
엄마처럼 살기 싫었어
맛있는 것 좋은 것이 있어도
엄마는 별로라며 너 가지라고 하시는

엄마처럼 살기 싫었어

엄만 왜 매번 괜찮다고만 하는지
그런 엄마가 안쓰럽고 속상해서
엄마처럼 살기 싫었어
엄마도 예쁘게 화장하고 예쁜 옷 입고
아버지 사랑 많이 받는 여자이길 원했어
속상하면 속상하다고 투정 부리며
괜찮다가 아니라 힘들다고 말하며
함께 나누길 원했어
엄마도 엄마 인생을 살길 원했어
엄마로서 아내로서 딸로서
그런 거 말고 한 여자로 한 사람으로
존중받으며 그렇게 살길 원했어
그래서 난 엄마처럼 살기 싫었어
가족을 위해 희생하고 자식 걱정에
온 마음 다하는 엄마가 밉고 바보 같았어…

내 나이 오십이 되어 그걸 알았어
어린 날 엄마처럼 살기 싫다고 왜 그렇게 사냐고
속상함에 울부짖으며 하던 말이
엄마의 마음에
큰 상처가 되었을 것이라는 것을…
내 나이 오십에 알게 되었어
엄마 마지막 가는 길에 내게 해주던 말
'나는 네가 있어 참 좋았다.'

그 말이 왜 그리 아프게 들리던지…
그때는, 그때는 엄마의 큰마음을 헤아릴 줄
몰라 그 말이 주는 의미를…
항상 엄마는 오래오래 내 곁에 있을 줄 알았어
그래서 그랬나봐
투정 부리고 하소연하고 때론 투닥투닥 다투며
엄마 마음에 상처가 되는 말을 해버렸어
엄마의 속상함을 위로해주지 못하고
엄마처럼 살지 않겠다고 모진 말로 나의 속상함을 표현했어
엄마가 내 곁에 오래오래 있을 줄 알고…
내 나이 오십에 알게 되었어
막내딸인 나를 누구보다 사랑했다는 것을
함께 수다 떠는 친구이고 싶었고
때론 평생 고생만 시킨 남편의 빈자리에
내가 들어가 있었다는 것을
그래서 많이 의지하고 살았다는 것을
내 나이 오십에 알게 되었어…
참, 인생이 그렇네
내가 자식을 낳아 키우고 엄마 떠나니
그제야 엄마의 마음을 알게 됐어
그립고 보고 싶어도 볼 수 없으니
그제야 엄마가 얼마나 큰 사랑이었는지.
나이가 들어도 엄마가 있었으면 좋겠어
나이가 들어도 엄마와 수다 떨고 투닥거리며
그렇게 살고 싶어

나이가 들어도 어리광도 부리고
함께 예쁘게 늙어가고 싶어
내 나이 오십에 알게 되었어
그렇게 엄마처럼 살지 않겠다고
엄마처럼 살기 싫다고 소리치며
엄마 마음에 상처를 주었던 내가
엄마와 같은 길을 걷고 있네
엄마처럼 살고 있네
엄마처럼 그렇게 살아가고 있네
엄마처럼…
세상 모든 딸들은 엄마처럼 살지 않겠다고 하지만
엄마가 지나간 길 그 뒤를 따라 엄마처럼 가고 있네
엄마처럼…
엄마!
막내딸이 많이많이 미안해! 고마워!
그리고 엄마가 나의 엄마여서 감사해!
보고 싶다 엄마!
내가 엄마를 많이 사랑해!

2020.04.30. 저녁 무렵에

엄마 잘 있지, 나도 잘 있어

저 하늘에 별이 되었을까
엄마의 바람처럼 자유롭게 떠도는
바람이 되었을까

세상살이 힘들어 죽으면
이리저리 가고 싶은 곳으로
마음껏 다닐 수 있는
바람이고 싶다던 엄마

엄마 잘 있지
나도 잘 있어
가끔 엄마가 보고 싶은 것 말고는…

출퇴근길 전화하며

김치는 어떻게 담그는 건지
애가 아프면 어떻게 해야 하는지
다 알 것 같았고
항상 내 옆에 있을 것 같았던
엄마가 이젠 내 옆에 없네…
엄마! 그래도 괜찮아
엄마만 행복하면 괜찮아

엄마 잘 있지
나도 잘 있어

엄마가 보고 싶고 그리워도
가슴 한켠에 몽글몽글 그리움이 쌓여도
엄마가 그곳에서 행복하면
난 괜찮아
엄마가 하고 싶은 것 가고 싶은 곳
맘껏 누릴 수 있으면
난 괜찮아

바람처럼 떠돌다
어느 날 내가 보고 싶거든
내 살결에 살랑살랑
머물다 가도 괜찮아
엄마가 행복하면 되니까
아프지 않고 슬퍼하지 않고
바람처럼 구름처럼 때론 새처럼
엄마가 가고 싶은 곳으로

233

맘껏 다니며 행복하면 되니까…

엄마 잘 있지
나도 잘 있어

우리 다시 만나면 다음 세상에는
내가 엄마, 엄마가 내 딸로 태어났으면 해
내가 잘해줄게 행복하게 해줄게
고마웠어, 감사했어
사랑 많이 받은 귀한 딸로 키워줘서…

엄마가 내 딸로 태어나면
나도 엄마처럼 사랑 듬뿍 주며
행복하게 해줄게.
고마워 감사해 그리고 미안해
다시 만날 때까지
엄마 안녕…

2020.05.01 아침 사무실에서

찌질이와 쪼잔이

우리 동네엔 찌질이와 쪼잔이라는 아이가 살았다.
그들은 서로 자신들이 더 불행하다고 다투곤 했다.
찌질이는 매번 다투고 나서 후회한다.
내가 조금 더 양보할걸… 내가 조금 더 이해해줄걸… 내가 조금 더… 더… 사랑해줄걸.
그렇게 자신의 찌질함에 후회를 하곤 했다.
쪼잔이도 매번 다투고 나서 후회했다.
내가 조금 더 넓은 마음으로 포용해줄걸. 내가 조금 더 이해해줄걸. 내가 조금 더 품어줄걸. 내가 조금 더… 더 많이 사랑해줄걸. 쪼잔이도 자신의 쪼잔함에 후회를 하곤 했다.

그리고 그 둘은 자신의 모습에 실망하고 속상해했다.
'나는 왜 이리 찌질한 거야.'

'나는 왜 이리 쪼잔한 거야.'
그렇게 둘은 못난 자신의 모습을 보며 점점 작아짐을 느꼈다.

어느 날, 찌질이와 쪼잔이는 그런 자신의 모습을 서로에게 이야기하기 시작했다.
때론 세상에 대한 원망을 때론 깊은 슬픔을 때론 죄책감을 서로에게 털어놓기 시작했다.
화가 날 때는 화를 내고 슬픔이 밀려올 때는 펑펑 울며 그러고 싶진 않았지만 자꾸자꾸 못나 보이는 자신의 모습과 행동에 속상하다고 그런 자신이 너무 싫다며 서로에게 이야기했다.

둘은 서로의 모습을 보며,
'나만 그런 것이 아니었구나. 너도 그랬었구나, 다행이다…'
쪼잔이와 찌질이는 서로의 모습을 보며 위로를 했다. 둘은 점점 더 많은 이야기를 하게 되고 마음 깊은 곳의 이야기까지 하게 되었다. 때로는 함께 웃고 때론 속상한 마음에 서로 부둥켜안고 서로의 마음을 공감하게 되었다.
'그래서 그랬구나… 그랬었구나~'
쪼잔이와 찌질이는 자신의 이야기를 들어주는 사람이 있다는 것에 행복했고 감사했다. 조금씩 서로에게 마음의 문을 열며 둘의 우정은 점점 깊어갔다. 그리고 쪼잔이와 찌질이는 자신의 상처도 조금씩 아무르고 있다는 것을 느끼게 되었다.

어느 날 찌질이가 말했다.
"쪼잔아! 넌 내가 본 사람 중에 가장 이해심이 많고 다른 사람의 마음을 잘 공감해주는 사람이야."
그 말을 들은 쪼잔이는 자신이 정말 그런 사람이 되어가고 있는 것은 아닐까라는 생각이 들었고 그렇게 말해주는 찌질이가 고마웠다.
그래서 쪼잔이도 말했다.
"찌질아. 넌 내가 본 사람 중에 가장 화끈하고 따뜻한 마음을 가진 사람이야."
그 말을 들은 찌질이도 쪼잔이의 이야기를 듣고 마치 그런 사람처럼 느껴졌다.

어느새 쪼잔이와 찌질이은 조금씩 자신감이 되살아나고 조금씩 세상이 아름다워 보이기 시작했고 조금씩 주위의 사람들의 마음이 보이기 시작했다. 그래서 쪼잔이와 찌질이는 주위 사람들과도 잘 지내려 노력했다. 또 도전하고 싶은 것이 있을 때는 서로를 다독이며 조금씩 세상 속으로 나아가기 시작했다. 어느 날은 좌절감에 슬퍼하기도 하고 어느 날엔 사람들 속에서 행복감을 느끼기도 하며 서로를 응원하고 격려하며 한 발짝씩 그들의 세상 속으로….

결코 쉬운 길은 아니었으나 어느새 둘은 더 이상 쪼잔이와 찌질이가 아닌 당당하고 씩씩하게 걸어가는 자신의 모습을 발견하게 되었다.

유지현

생각이
나서

뉴욕 이야기

"태풍 바비가 제주도로 북상하고 있으며 전남을 거쳐 한반도를 관통할 것으로 예상되는 가운데 바비의 위력은…."
코로나를 제치고 태풍 바비 이야기가 뉴스의 헤드라인을 연신 장식하고 있을 때 난 전남 여수로 향하고 있었다. 평상시의 나를 생각하면 안전 불감증은 분명히 아닌 것 같은데 이상하게도 가끔 이럴 때가 있다. 어찌 생각하면 일어나지도 들어보지도 못한 일들을 가지고 알 수 없는 불안으로 힘들어했던 나의 예전보다는 차라리 이런 근거 없는 불감(不感)이 낫다고 하면 다소 과장이지만 난 아무튼 여수에 와 있었다.
호텔 창밖으로 종일 퍼붓는 비와 엄청난 바람 소리에 잠을 이루진 못했지만 다행히 태풍이 살짝 서쪽으로 방향을 바꾼 덕에 뉴스에서 보는 위험한 상황까지는 가지 않았지만, 다소 무모한 결단이었다는 생각이 들면서 문득 몇 년 전의 뉴욕 여행이 데자뷔처럼 떠올랐다. 지금은 지나간 여행 모험담이 되었지만 그때를 생각하면 지금도 심장이 쫄깃해지는 느낌이 든다.

내 인생영화 중에 〈뉴욕의 가을〉이 있다. 사실 내용은 잘 기억이 안 난다. 중년의 로맨티스트이면서 바람둥이인 리차드 기어가 어린 여성과 사랑에 빠지는(찾아보니 그 여인은 옛 연인의 딸이었고 시한부라는 영화다운 사연이)… 아무튼 나에게 영화 〈뉴욕의 가을〉은 20년이 지나는 지금까지도 한 장면을 떠오르게 하는데, 그건 바로 온통 노란 은행잎으로 둘러싸인 뉴욕 센트럴파크 언덕의 은행나무 아래에서 미소 짓는 리차드 기어! 내가 꼭 뉴욕에 가야 하는 이유가 생긴 것이다. 이 한 장면은 나에게 뉴욕에 대한 막연한 동경을 불러일으켰고 난 항상 뉴욕의 가을을 그리고 있었다.

인디언의 기우제처럼, 난 꼭 뉴욕에 가야 하는 이유 아닌 이유가 있었기에 그 꿈이 드디어 12년 만에 이루어졌고, 드디어 꿈꾸던 가을을 기다려 은행잎이 지는 10월 말 혼자 뉴욕행 비행기를 탔다. 지금도 떠날 때의 그 설렘이 가슴에 오롯이 느껴지는 듯하다.

그 당시에 나는 회사 일로 라스베이거스에서 중요한 미팅이 있었고 회사 관계자 3명과 함께 갈 예정이었으나 난 그 가을을 놓칠 수가 없었기에 샌프란시스코에서 개인적인 일이 있다는 거짓말(생각해보니 왠지 라스베이거스에서 너무 멀리 떨어진 뉴욕을 간다고 하기는 망설여져서 가까운 캘리포니아를 택했나 보다)과 함께 4일의 여유를 가지고 주저 없이 꿈에 그리던 뉴욕행 비행기에 올랐다.

나름 일로든 개인적으로든 해외여행을 다닐 기회가 있었음에도 뉴욕은 기회가 쉽게 나지 않았다. 거기에는 꼭 은행잎이 지는 늦가을을 기다려야 했기 때문이기도 했던 것 같다. 그 기회가 십여 년 만에 왔으니 비가 올 때까지 지내기에 100% 비를 본다는 인디언의 기우제마저 떠오르는 역사적인 순간이었다.

준비 시간이 길지 않았지만 다른 것은 중요하지 않았다. 나는 센트럴파크로 가서 은행잎으로 온통 뒤덮인 언덕을 찾아 리차드 기어가 서 있던 그곳에 서면 되는 것이다. 거기에 가을 햇볕이 반겨준다면 넓디넓은 The Sheep Meadow 잔디에 누워 하늘을 보는 사치를 누려 보리라.

뉴욕에 가야 하는 이유가 맨해튼도 MOMA도 아닌 은행잎이라니, 내가 들어도 웃음이 난다. 글을 쓰는 지금, 문득 배용준 배너가 반기는 남이섬을 방문하는 수많은 일본과 중국의 관광객과 나의 뉴욕 여행이 오버랩되면서 살짝 웃음도 나지만 불현듯 문화의 위대함을 한번 상기

해본다.

아무튼 난 꿈에 그리던 센트럴파크, 리차드 기어가 서 있었을 그 은행나무 언덕에 섰다.

10년간의 기대가 너무 컸던 걸까? 아니면 '영화'라는 장르를 너무 현실과 동일시하는 나의 뛰어난 감정이입력 때문인지 현실의 뉴욕의 가을은 영화와는 많이 달랐다. ㅎㅎ 온 세상이 다 은행잎으로 덮여 있을 거라 상상했던 센트럴파크의 은행나무 언덕은 정말이지 작아도 너무 작았다. 영화에서는 어쩜 저리 자그마한 언덕만으로도, 뉴욕의 가을을 꿈꾸며 날아오는 나 같은 관객을 만들 수 있을까? 하는 생각이 들면서 다시 한번 예술과 문화의 위대함에 숙연해지기도 한 순간이었다.

그렇지만 은행나무 언덕이 작다고 감흥이 사그라지지는 않았다. 거대한 은행나무 언덕도 리차드 기어도 여기 없지만 가슴은 벅찼다. It's

New York! 여기가 바로 꿈에 그리던 뉴욕이 아닌가!

휴식이 있는 여행을 좋아하지만 내 맘의 뉴욕은 방 안에 누워 창밖만을 내다보기엔 도시의 숨소리가 너무 궁금했다. 와 보지도 않은 뉴요커 소리를 들어오던 나이기에 진짜 뉴요커를 느끼려는 설렘에 도시를 마구 돌아다녔다.

거리는 어딜 가든지 세계 각국에서 뉴욕의 가을을 보러 온 관광객들로 분주했지만 뿜어져 나오는 활기와 에너지가 나에게 고스란히 전해지는 듯 힘든 줄도 몰랐다.

누구에게도 보이지 않는 내가 된 듯한 이상한 기분, '아무도 아닌 자'가 된 듯한 이 묘한 기분이 싫지 않았다. 서 있는 경찰에게 길을 물어도 들은 척도 하지 않고, 누구 하나 남의 일에 관심 없이 갈 길 가기 바쁜 이 무심하고 분주한 도시에서 느껴지는, 알 수 없는 평화와 자유로움에 이끌려 시간 가는 줄 모르고 이 거리를 헤매 다녔다. 유난히 바람이 많이 분다고 느끼기 전까지는….

바람이 많이 불고 추웠다. 지금 생각해보니 머리도 옷도 날려서 걷기 힘든 때도 있었던 것 같다. 그냥 도시에 취해서 바람이 불면 부는 대로 머리가 날리면 날리는 대로 알 수 없는 자유를 느끼며 덤보를, 소호를, 그리니치를 만끽했다. 인기 시트콤 〈섹스 앤 더 시티〉에 나오는 브런치를 하고 매그놀리아의 컵케이크를 입에 물고 그리니치를 거니는 황홀함이 아직도 생생하다.

밤에 호텔에 가서 TV를 켜면 계속 일기예보를 했던 것 같다. 그때는 그냥 뉴스 시간으로 여기고 황홀했던 하루를 정리하고 다시 내일의 벅찬 뉴욕을 기대하며 잠을 청했다. 지금 생각해보면 거대한 태풍의 눈이 뉴욕 근처에 닿은 사진을 TV를 켤 때마다 보여줬고, 화면에서는 연신 '샌디'를 외쳐 대며 밖에는 바람이 심하게 불고 비도 뿌렸는데… 그때는 왜 그 모든 것이 샌디와 연결이 되지 않았는지 모르겠다. 아마도 역대급 태풍 샌디도 내 마음속 뉴욕의 가을을 갈망하는 힘을 파고들지는 못했나 보다.

라스베이거스로 떠나기 전날, 아쉬움이 가득한 뉴욕에서의 마지막 디너를 하고 호텔로 들어오는데 호텔 로비가 왠지 분주하게 느껴졌다. 방으로 들어왔다가 내일 공항으로 가는 리무진 버스도 예약할 겸 로비로 가서 문의하니 '공항이 태풍으로 어제부터 폐쇄됐는데 너는 모르고 있었냐'는 어리둥절한 표정이었다. 더불어 언제 다시 오픈될지 모르는 상황이라는 얘기와 함께 주변 9개 도시 공항이 모두 폐쇄됐단다.

"Oh my God!"이 이럴 때 쓰는 말이구나'를 실감하게 하는 순간이었다. 이제야 태풍에 머리를 한 대 얻어맞은 듯 정신이 번쩍 났다. 버스든 기차든 다른 공항으로 갈 수 있는 교통편을 알아봐달라고 컨시저에서 한 시간은 애걸복걸했지만 모든 교통수단이 다 중단된 상태라는 말과 함께 폐쇄되지 않은 가장 가까운 공항이 차로 14시간 정도 가야 하는데 하물며 렌터카도 마감이라는 청천벽력 같은 대답만이 돌아왔다.

어제부터 이미 공항에 갔던 손님들도 돌아오고 다른 교통편이나 공항을 찾아 분주했던 상황에 '너는 도대체 뭘 하고 있었냐'고 소리 없이 묻는 듯했다. 오직 나만이 태풍의 깊고 깊은 핵 중심의 고요한 늪에 빠져 TV에서 거대하게 다가오는 태풍의 눈을 방관하며 마치 한국에서 먼 나라 뉴욕의 일기예보를 보는 듯한 착각에 빠져 있었던 것 같다.

갑자기 머릿속이 멍해졌다. 이번에 라스베이거스 미팅은 중요한 계약 건이 있고 내가 꼭 가야 하는 자리인지라 관계자 분들이 내가 같이 가지 않고 따로 온다는 것을 꺼리는 상황이었다. 하물며 미팅 시간이 정해져 있어서 그 시간에 못 간다면 문제가 커지는 상황이었다. 짧은 시간에 백만 가지 생각이 머릿속을 흔들었지만 더 이상 기댈 언덕이 없었다.

'으!! 나의 뉴욕은 이렇게 끝나는구나!' 할 즈음에 뒤를 돌아보니 내 뒤에서 한 시간이 넘도록 다음 순서를 기다리고 있는 사람이 있었다. 내 코가 석 자인지라 뒤돌아볼 여유도 없었지만 너무 오랜 시간을 기다리게 한 게 미안하기도 해서 사과를 하니 괜찮다며 자기도 같은 문제라고 했다. 세상은 넓고 사람도 많지만 그 와중에 나와 같은 문제를 가지고 있다는 게 위안도 되고 너무 신기했다.

프랑스에서 왔다는 젊은 부부는 나처럼 내일 라스베이거스에서 중요한 미팅이 있는 남편이, 출장 전 며칠 시간을 내어 와이프와 함께 뉴욕 여행을 왔다는 것이었다. 다행히 자신들은 렌터카 회사가 문 닫기 직전에 차를 한 대 빌렸고 내일 14시간 떨어진 공항으로 가서 비행기를 갈아탈 예정이라는 거였다. 처음 본 사람이지만 일 초의 망설임도 없이 함께 갈 수 없겠냐고 부탁을 하니 짐이 많지 않으면 함께 갈 수는 있으나 우선 가서 비행기 티켓이 있는지를 확인하라고 했다. 본인들은 클리블랜드로 가서 캘리포니아를 거쳐 라스베이거스를 갈 예정이라고 했다. 어제부터 근처 공항들이 폐쇄되는 바람에 비행기 티켓 구하기가 힘들 거라고 했다. 산 넘어 산이지만 잠시의 고민할 틈도 없이 방으로 달려가 클리블랜드에서 갈 수 있는 티켓을 뒤져서 겨우 시카고행 티켓을 우선 예약하고 프랑스 부부에게 동행을 부탁했다. 지금도 그들이 아니었으면 어땠을까 생각하면 머리가 쭈뼛해진다. 주유비를 부담하고 운전도 반은 내가 하겠다고 했지만 괜찮다며 같은 상황이니 위안도 된다며 극구 사양했다.

시간도 촉박한 상황이라 식사도 못 하고 헤어짐이 못내 아쉬웠지만 그렇게 무사히 클리블랜드 공항에서 각자 비행기를 탈 수 있게 됐다. 겨우 비행기를 타고 시카고에 내리자 조금은 안도의 한숨을 돌렸으나 여전히 시간이 촉박한 상태라 시카고에서도 대기를 걸어 먼저 오는 비행기를 타기로 했다. 그렇게 해야 겨우 미팅 시간이라도 맞출 수 있는 상황이었다.

탑승구에서 차례를 기다리는데 어찌된 일인지 태워줄 생각을 안 하는 기분이 들었다. 조급했지만 기다리고 기다리다 조심스레 탑승구 직원에게 다가가 탑승을 언제 하냐고 묻자 귀찮다는 듯 승객들이 다 타고 마지막에 부르겠다며 핀잔 아닌 핀잔을 주었다. 영어로는 다 알아듣지 못했어도 비언어 이해도는 높은지라 표정으로도 그의 숨겨진 말이 다 들리는 듯했다. 아쉬운 놈이 우물 판다고 서비스 운운할 상황이 아님을 눈치로 누르며 조용히 기다렸으나, 어찌된 일인지 승객이 탑승을 다 하고 탑승구 앞에 직원과 나 둘밖에 없는데도 문이 닫히려고 할 즈음까지도 나를 부르지 않았다. 왠지 탑승구가 닫힐 것 같은 불안감에 조심스럽게 가서 언제 타냐고 하니 내 티켓을 던지며 무시와 멸시의 표정을 지으며(적어도 내가 느끼기엔 그랬다) 들어가라고 하는 것이었다. 급한 마음에 한마디도 못하고 뛰어가다시피 들어가니 바로 문이 닫혔다. 그는 나를 들여보낼 마음이 없었던 게 분명했다. 급한 마음에 말 한마디 못 하고 뛰어 들어갔지만 라스베이거스에 도착할 때까지 분하고 원통한 마음에 얼마나 씩씩거렸는지 모른다. 그날 나는 뉴스에서 보던 인종차별이라는 게 있다면 이런 거겠구나 하는 것을 뼈저리게 느낀 시간이었다.

그날 그 직원의 표정을 난 지금도 잊을 수가 없다. 그 후로 유나이티드 에어라인에 대한 안 좋은 기억이 머리에 각인되었고 한국으로 와서 항공사에 항의 메일을 쓸까 생각할 즈음에 유나이티드 에어라인에서 벌어진 승객에 대한 인종차별 관련 뉴스가 연달아 오르며 국제적으로 큰 문제가 되기도 했다. 그들의 울분이 내 마음에 그대로 느껴지는 듯했다. 난 지금도 유나이티드 항공은 절대 안 탄다. 아무튼 우여곡절 끝에 난 무사히 라스베이거스 공항에 내렸다. 물론 우리 일행들을 만나기로 한 시간에는 못 맞추었지만 그래도 중요한 미팅에는 무사히 참석할 수 있었다. 마치 청명한 하늘을 가진 캘리포니아에서 막 날아온 것처럼.

벌써 8년 전의 일인데도 나는 일기예보에서 태풍 사진만 보면 그때의 일이 떠올라 웃음 짓곤 한다. 그때의 그 긴박함은 말로 표현할 수 없었지만 그래도 시간이 지나니 책갈피에 꽂아둔 노란 은행잎을 꺼내 보듯 그런 소중한 추억이 되었다.

그래도 난 아직
뉴욕의 가을이 좋다.

강촌 이야기

나의 혼행(혼자 하는 여행)은 '마이 카'라는 황홀한 기억과 함께 시작되었다. 내 인생에서 나의 것(물건)을 가지며 황홀했던 기억을 되새겨보면 중학교 올라가며 손목에 찬 오리엔트 시계가 시작이 아닐까 싶다. 없던 시계가 그때라고 꼭 필요했던 것도 아니었을 텐데 중학교를 올라가면 부모님께서 목돈을 마련해서 사주는, 아마도 중학생이라는 상징의 하나가 아니었을까 싶다.

그때의 '나의 것'이라는 '의미 있는 소유'는 나이키, 프로스펙스, 죠다쉬 청바지로 계보를 이었는데 TV에서 방영한 〈응답하라 1988〉을 보면 어찌나 그 기분을 잘 묘사했는지 극 중 '덕선'이가 꼭 우리 동네 친구인 듯한 착각이 들기도 한다. 그 이름을 떠올리는 것만으로도 지금도 그 순간의 설렘으로 가슴이 벅차오르게 하는 마이마이 카세트까지. 고등학교 시절에 서울에서 86아시안게임이 열렸는데 평소에는 관심도 없던 탁구경기 중계방송을 마이마이로 들었던 기억이 난다.
여기까지는 부모님의 도움으로 얻어낸 '의미 있는 나의 것'이었다면, '마이 카'는 내 힘으로는 얻은, 최초의 가슴 뛰는 오롯이 '나의 것'이었다. 라떼는(나 때는 말이야) 다행히도 차를 살 때 무이자 할부라는 것이 있어서 직장 초년생인 나도 버젓이 마이카의 꿈을 이룰 수 있었다. 나름 서툴고 치열하고 열정적인 새내기 직장 생활에서 마이 카는 나만의 공간을 제공해주고 오롯이 나를 위한 힐링의 시간을 제공해주었는데 그건 바로 휴일 오전 강촌휴게소로 떠나는 혼자만의 드라이브였다. 만일 이 세상이 추억으로 부귀영화의 순위를 매긴다면 나는 감히 상위 0.1% 빌게이츠 급의 갑부라고 말해본다. 추억이라는 자체가 지극히 주관적 산물이니 뇌피셜리 그 면에서는 난 참 행복한 사람이라는 생각이 든다. 사실 별것 없었다. 여느 드라이브가 그러하듯이 차를 타고 집에서 한 시간 남짓 걸리는 강촌 휴게소를 음악을 들으며, 하늘과 구름을 느끼며 바람을 맞고 도심에서 벗어난 공기를 마시며, 지나치는 산과 강을 밀도 있게 스치며 달려가는 거다. 빠르지도 느리지도 않게 나만의 속도로.
지금 문득 '왜 강촌 휴게소였을까?'를 생각해보니 언젠가 강원도를 가다가 우연히 들른 강촌휴게소가 끌려 그리로 향했던 것인데, 알고 보니 강촌휴게소는 유명한 건축가 류춘수 씨가 설계한 건축사에도 의미 있는 건물이라고 한다. 자연 친화적이면서 독특하게도 지붕을 막이 감싸는 부드럽고 친근한 분위기의 이 건물은 설계부터 스토리를 담뿍 담은 작품으로, 한국건축가협회상을 수상하기도 했다는 것이다. 지금은 그 막 지붕이 사라지고 단단한 콘크리트 지붕이 되어 내 추억 속에만 남아 있음이 아쉽지만, 아마도 끌리는 데는 다 이유가 있는 게 아닌가 싶다.

도착해서 커피를 한 잔 사 들고 옥상으로 올라가서 나름 리버뷰를 바라보는 것. 사실 그게 전부다. 그런데 그렇게 길어야 한 시간 남짓 앉아 있다 보면 말로는 표현할 수 없는 행복감, 이상야릇한 충만함이 마구 몰려온다. 말하면 시들어질까 감흥이 사라질까봐 가슴에 묻고 혼자만 몰래 꺼내 보고픈….

언젠가 책을 보다가 나의 이 감정을 근접하게 표현한 글을 발견했다. 헬가 노보트니는 '인간이 자기 자신과의 혼연일치를 이루는 행복을 누리는 상태, 정말 마음으로 간절히 원하던 일을 하는 상태'를 휴식이라고 정의했는데 이 글을 보며 내가 느낀 그 순간이 바로 '진정한 휴식'이었구나 라는 생각이 들었다.

내가 휴식을 위해 드라이브를 선택한 건 아니었지만 모든 행동에는 본인도 자각하지 못하는 목적이 있다는 아들러의 말처럼 나의 무의식은 나에게 휴식의 절실함을 어떻게든 전하고 싶었고 난 결과적으로 그 무의식의 외침을 잘 받아들여 진정한 휴식을 만끽하지 않았나 싶다. 그 후에도 나의 스트레스 내성과 내 굴곡진 라이프 사이클에서의 회복탄력성에 도움을 주는 핵심이 바로 그 온전한 휴식이 아니었을까 하는 생각을 해본다.

그 순간 그 감정을 커피 한잔과 함께 오롯이 혼자 충분히 만끽하고 돌아오며 참으로 행복했던 그 시간… 떠올리면, 30년이 지난 지금 이 순간도 나를 미소 짓게 한다.

또 기억 속으로 더 들어가보자면 행복한 그리움이기도 하다. 어린 시절, 유난히 자연을 좋아하셨던 아빠는 가족과 함께 거의 주말마다 가까운 곳이라도 늘 드라이브 겸 여행을 다니셨다. 사실 여행이라고 하기엔 너무 거창하다. 근교에 광나루(지금의 워커힐 근처) 같은 곳에 가서 물장난 한번 치고 오기도 하고 가까운 산이나 계곡에 가서 텐트 치고 버너로 밥을 해 먹거나 어쩌다 자연농원(지금의 에버랜드) 같은 놀이동산에 다녀오는 그런 소소한 드라이브 겸 여행이었지만 난 그 시간이 참 좋았다. 어떤 때는 시험 기간임에도 여행이 가고 싶어 시험이라는 말을 안 하고 실컷 놀다가 와서 밤새 시험 공부하느라 고생한 적도 있지만 나의 추억 여행에 참으로 소중한 부분이기도 하다. 어쩌면 내가 기억하는 아빠에 대한 그리움과 추억의 한 페이지가 여행으로 귀착되었는지도 모른다는 생각이 든다.

이제는 내가 다니는 어느 길, 어느 여행에 아빠가 맘껏 나와 함께 동행해도 좋을 것 같다. 나의 어린 날에 늘 나와 함께 아빠가 다녀 주신 것처럼…. 매 순간 이런 소중한 시간과 추억으로 인한 행복감은 아빠가 나에게 남기고 간 위대한 유산이라고 생각한다.

다시 발리 이야기

누구나 매년, 매달 기다리는 일들이 있다. 내 어린 시절의 007 시리즈 영화가 그랬다. 난 매년 007 영화가 나오기만을 기다렸다. 그때는 어려서 극장에 가는 길은 오빠가 나를 데려가줘야 하였기에 그 기간만큼은 오빠에게 잘했던 것 같다. ㅎㅎ 평상시 매일 싸우고 난리 치던 걸 생각하면 그만큼의 절실함이 아니었을까 싶다. 물론 제임스 본드와 본드걸을 보며 멋진 스파이를 꿈꾸기도 했지만 무엇보다도 그들이 누비는 세계 곳곳의 도시들을 보는 것은 우물 안 개구리인 나에게 너무 황홀하고 신비로움 그 자체였다. 지금 80-90년대나 그 이후 태어난 세대라면 그게 뭐라며 의아해하겠지만 70-80년대 유년기, 청소년기를 거친 우리에겐 '외국'이라는 건 정말 말 그대로 바깥세상, 다른 세상이었다.

내가 접할 수 있는 다른 나라는 매일 펴 보는 사회과부도의 사진 몇 장이 전부이던 시절이었다. 특히 난 어린 시절에 지도를 좋아했던 것 같다. 세계지도를 벽에 붙이고 이름 모를 도시들을 사회과부도에 나온 그림 몇 개를 가지고 상상하며 007 영화에서 본 장면을 가지고 상상의 나래를 펼치곤 했다. 홍콩, 도쿄, 상하이, 방콕 거리를 누비고 지중해, 미국의 어느 비치에 누워 선탠을 하며, 마이애미비치에서 윈

드서핑을 하는 장면들은 그 시절 나에겐 정말 놀라움 그 자체였다. 지금도 내가 다른 나라의 어느 거리를 누비며 어린 시절 영화에서의 한 장면을 떠올리는 건 아마도 그 시절의 그 감흥을 잊을 수 없기 때문이 아닐까 싶다.

난 아직도 영화를 본다. 조금 달라진 것이 있다면 이젠 한국영화를 더 많이 본다는 것이다. 물론 영화뿐 아니라 여러 가지 면에서 우리 나라의 수준이 급부상한 점도 있지만, 글로벌이 뭔지 하루하루 실감하며 살아가고 있어 이제는 어느 나라의 영화라는 의미가 없는지도 모른다. 그냥 자막을 안 읽어도 된다는 것 정도의 차이가 있을 뿐.
2010년 줄리아 로버츠가 주연한 〈먹고 기도하고 사랑하라(원제: Eat pray love)〉라는 영화가 있다. 성공한 저널리스트인 줄리아 로버츠가 진짜 자기 자신을 찾아 여행을 떠나 이탈리아에서 먹고 인도에서 기도하고 발리에서 사랑을 찾는다는 이야기인데, 주인공이 자신을 알아차리고 치유해가는 과정에서 자신을 찾아다니던 그곳에 우붓(Ubud)이 있다. 인도양이 펼쳐진 절벽 위 로맨틱한 절경의 풀빌라들. 발리 하면 먼저 떠오르는 환상적인 광경이다. 세계 유명 스타들의 휴양지로도 유명한 고급 풀빌라들이 즐비한 세계적인 휴양지. 그러나 내륙으로 소박한 시골길을 한 시간 달려오면 전혀 다른 발리가 우리를 맞이한다. 밀림과 화산에 둘러싸인 소박한 마을 우붓이 그곳이다. 지금은 여러 매체와 SNS를 통해서 많이 알려진 관광지가 되어 차가 막히기도 한다는 뉴스를 보며 아지트 한 곳을 들킨 듯한 묘한 기분이 들기도 했다.

나는 이 영화가 나오기 이전에 발리를 여행한 적이 있다. 우붓(Ubud)이라는 작은 마을을 처음 접했을 때, 발리 인도양 절벽의 여느 멋진

리조트들을 제치고 왠지 이곳에서 느껴지는 알 수 없는 평온함과 땅의 기운이 늘 그곳에서의 삶을 동경하게 했다. 신과 예술이 함께 공존하는 듯한 매력적인 땅, 꼭 우붓에 와서 살아봐야겠다는 막연한 꿈은 나의 버킷리스트의 한 줄이 되었고, 이 영화는 나를 우붓으로 이끄는 데에 한몫을 했다.

먹고 기도하고 사랑하라…. 참 멋진 말이다. 난 드디어 줄리아 로버츠가 자신을 찾아 헤매던 우붓에 간다. 다만, 나는 평온한 신들의 땅에서 아무것도 하지 않을 자유를 찾으러 우붓으로 가기로 결심했다.

모든 선택에는 참 말도, 탈도, 걸리는 것도 많다. 하물며 어디서 숨어 있다가 평상시에 없던 마음을 흔들 만한 딜(deal)도 들어온다. 그렇지만 이미 불혹을 훌쩍 넘긴 내가 아닌가… 어떠한 유혹에도 내 맘을 내 맘대로 할 수 있는 나이. 글로 쓰니 그리 좋아 보이는 말은 아니지만 난 좋다. 나에게 비로소 나를 내 맘대로 할 수 있는 의지와 용기가 생겼다는 것이.

비록 발단은 어디에선가 지친 내 영혼의 작은 손짓에서 시작됐지만 내 인생에서 내가 원하는 걸 할 수 있는 용기를 내고 싶다. 늘 주저했던 내 삶을 내 맘대로 할 수 있는 용기…

> 안락함도 집착도 뒤로한 채
> 다 버리고 떠날 용기만 있다면…
> 여행의 매 순간마다
> 새로운 걸 배우고
> 어떤 어려움도 아픔도 외면하지 않고
> 마주할 수 있다면…
>
>   - 영화 〈먹고 기도하고 사랑하라〉 중에서 -

물론 막연함도, 외로움도, 두려움도, 막막함도 다 가지고 가게 될 것이다. 그렇지만 주저함만큼은 놓고 가려 한다. 영화 포스터에 쓰여진 "용기가 필요한 당신을 위한 기적 같은 여행"을 떠나는 것이다.

그렇게 나는 편도 비행기 티켓을 가지고 우붓에 왔다. 안락함도 집착도 모든 대안을 뒤로하고 몸과 마음이 이끄는 대로.

기쁘다. 즐겁다. 행복하다.

아침에 일어나 동네 시장에서 사 온 재료로 만든 나시고랭이나 샐러드를 먹고 커피 한 잔과 책 한 권을 들고 옥상의 가제보(우리나라 정자 같은 곳)로 올라가 내가 사랑하는 파란 하늘과 어우러진 맑은 구름을 보며, 산들바람과 함께 커피를 마시고 책을 읽는다. 나를 찾으러, 새로운 걸 배우러 떠나지 않는다. 진실을 갈구하지도 마중 나가 맞이하지도 않는다. 외면하지도 않는다. 그냥 이렇게 있다.

행복하다, 행복하다, 행복하다.

내 인생에 '행복하다'라는 말을 이리 많이 되뇐 적이 있었을까… 한편으론 서글펐다. 그냥 저기 늘 있던 산, 구름, 나무들 보며 늘 불어오던 바람 맞으며 커피 한잔하는 것뿐인데….

그래도 행복하다.

내가 혼자 여행을 간다고 하면 모두는 한결같이 말한다. 그럴 수 있다는 것이 너무 부럽다며 자신들은 처한 현실이 그리 되지 않는다는 것이다. 삶은 선택이다. 어제도 오늘도 우리는 원하든 원하지 않든 크고 작은 선택을 한다. 내 삶의 우선순위가 다를 뿐. 나도 무언가는 얻고 무언가는 잃었을 것이고 다른 모든 대안을 내려놓은 채 선택한 것이 '지금 여기'일 것이다. 어찌 보면 우붓행은 내 인생의 힘든 시점에서의 선택이었지만, 난 잃은 것만큼 내 첫 번째 버킷리스트를 실현하는 '용기'를 얻게 되었고, 이곳에서의 삶은 내가 일부러 찾아 헤매지 않음에도 많은 진실과 마주하는 순간을 선물했다. 나를 찾으려 하지도, 외면하지도 않았던, 아무것도 안 해도 아무렇지 않은 시간 속에서 나를 만나는 시간… 그 어느 진실보다 소중하고 값진 시간이었다.

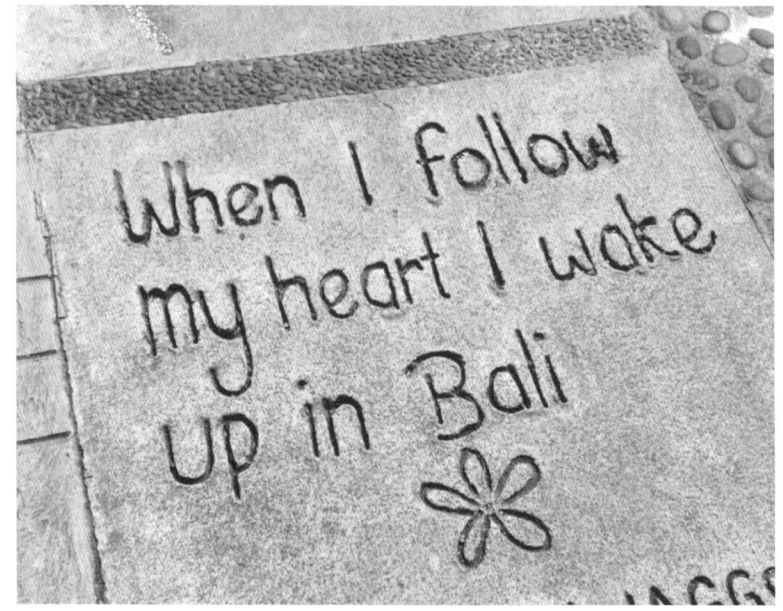

시간이 잘 간다. 여기선 시간이 멈추고 느리게 갈 줄 알았는데 어디에 있든, 무얼 하든 안 하든, 시간은 내 마음속에서 내 속도로 가나 보다.

"When I follow my heart I wake up in Bali."

누군가 내 마음을 그대로 옮겨놓은 듯한 이 말이 참 좋다.

난 지금도 발리에서의 꿈을 꾼다.

내 마음을 따라 가다 보면 또 그곳에 서 있지 않을까… 하는 꿈을.

바람이 분다.
난 이 늦여름에서 가을로 넘어가는 이 저녁이 좋다. 어스름한 저녁에 야외 테라스에 앉아 차를 한잔하고 있으면, 나의 첫 차를 타고 달려간 강촌휴게소에서의 바람이, 먹고 기도하고 나를 사랑하던 발리의 그 평온한 바람이 나를 감싼다.

어릴 때 유일하게 너덜거리게 보던 사회과부도가 그리워지는 저녁이다. 너무 행복한 시간이었다. 난 여행 이야기에 오늘도 눈이 번쩍이고 나도 모르게 입가에 미소가 지어지는 걸 느낀다. 생소한 팬데믹을 경험하며 더더욱 나의 추억이 얼마나 소중한지를 다시 깨닫는 시간이었다.

나를 다시 일으키고
나를 나로 살아가게 해주는 여행에 감사하며,
특히 매 순간 그런 용기를 내준 나 자신에게 감사한다.

난 오늘 또 다시
내 마음 깊은 곳에서 나의 지도를 꺼내어본다.

남은 이야기

To. 너에게

너를 더 생각하며 살아라.
너가 좋아하는 것을 먼저 사고
너가 먹고 싶은 것을 먼저 먹고
너가 갖고 싶은 것을 먼저 고르고
하나가 남는다면 너가 가져라.

슬프면 엉엉 울고
무서우면 먼저 도망가고
겁나면 뒤로 숨고
배고프면 먼저 먹고
아프면 아프다 하고
힘들면 하지 말고
하고 싶으면 그냥 해라.

그런데…
그게 맘이 불편하면
그냥 너가 편한 대로 해.

From. 너가

작·가·한·숨

나를 바라보는 시간 속에서 참된 행복의 길을 걸었다 최현숙

별반 다르지 않은 인생을 함께 걸어가는 너와 나의 소소한 수다 유지현

?로 시작해서 !를 거쳐 드디어 .를 찍었다. 창대할 다음 !와 .를 위하여 성기영

이해할 수 없었던 내 삶의 의미를 배움을 통해 함께 나누어가는 시간 김영란

서로를 비추는 거울, 아름다운 동행으로 자유의 향기를 나누다 국형지

"나의 인생 여행길의 동반자들과 함께" 한 행복한 순간이었음을 고백하며 김덕아

성장이 있는 행복을 맛보고 있습니다 진원화

함께 가는 길 멀리 가기를 소망한다 안미순

벗들과 글쓰기를 통해 사랑을 나눈 행복한 시간 박경희

남편과 세 자녀에게 이제야 진심 어린 사랑을 고백해요 유서진

이들과 함께라는 밥상에 숟가락을 얹었다. 참 잘했다는 생각 중이다 이재원

귀한 동기들과 함께 할 수 있어 감사합니다. 코칭심리 포에버 이경숙

R·E·F·E·R·E·N·C·E

고가 후미타케, 기시미 이치로 저, 전경아 역, 미움받을 용기, 인플루엔셜, 2014
게리 콜린스 저, 양형주, 이규창 역, 코칭바이블, IVP, 2014
김은정, 코칭의 심리학, 학지사, 2016
김춘경, 상담학 사전, 학지사. 2016
노안영, 상담심리학의 이론과 실제, 학지사, 2018
범상규, 멍청한 소비자들, 매경출판, 2015
서울대학교 교육연구소, 교육학 용어사전, 하우동설, 1995
설기문, NLP 파워, 학지사, 2003
알프레드 아들러 저, 홍혜경 역, 아들러의 인간이해, 을유 문화사, 2016
이종수, 행정학사전, 대영문화사, 2009
이희경, 코칭심리 워크북, 학지사, 2014

에릭슨의 심리 사회적 발달 이론, 심리학 용어사전
MBTI 16가지 성격유형, 심리학 용어사전